구윤철

1989년 행정고시에 합격해 재무부를 시작으로 재정경제원, 기획예산위원회, 기획예산처, 청와대, 국제기구, 기획재정부 등에서 국가 전체 정책과 예산을 다루는 일을 담당했다. 기획재정부 예산실장과 제2차관을 거쳐 2022년 국무총리 소속 국무조정실장을 마지막으로 33년간의 공직생활을 마무리했다. 경제부처 관료로서 청와대 인사비서관(국가 인사)과 청와대 국정상황실장(국가 종합상황관리)을 역임한 점이 이채롭다.

서울대학교 경제학과와 한국방송통신대학교 법학과를 졸업했다. 서울대학교 행정학 석사, 미국 위스콘신대학교 대학원(Madison) 공공정책 및 행정학 석사를 거쳐 중앙대학교 무역물류학과에서 경영학 박사학위를 받았다.

현재 서울대학교 경제학부 특임교수, 한국방송통신대학교 석좌교수, 국립목포해양대학교 석좌교수, 대진대학교 상생발전위원장, 전북대학교 석좌연구위원, 경북대학교 간호대학 기획발전위원으로 있다.

아울러 (문화) 세계문자박물관 운영위원장, 시인 구상기념사업회 부회장, (복지) 사랑나눔공동체 고문, (지방행정) 경상북도 민간투자유치공동위원장, 전라남도 전남발전국가비전자문위원, 포항시 투자유치공동위원장, 칠곡군 민간투자유치위원, (사)한국스마트빌리지협회 자문위원, (과학기술) 한국고등과학원 자문위원, (사)국제인공지능(AI) 지적재산권협회 이사이기도 하다. 이밖에도 민간투자학회 명예회장, (사)사색의 향기 고문 등을 맡고 있다.

지은 책으로는 대한민국 대혁신 실행전략 11을 담은 《레볼루션 코리아》(2024)가 있다.

AI 코리아

국가정책 전문가의 시각에서 본
AI 코리아

1판 1쇄 발행 2025년 6월 3일 　｜　지은이 구윤철
1판 3쇄 발행 2025년 7월 10일

펴낸곳 바다위의정원
펴낸이 강영선

출판등록 제2020-000161호
주소 서울특별시 마포구 잔다리로 48, 3층 3001호(서교동, 정원빌딩)
전화 02-720-0551
팩스 02-720-0552
이메일 oceanos2000@daum.net

ⓒ 구윤철, 2025
ISBN 979-11-991180-2-7 03350

AI 코리아

국가정책 전문가의 시각에서 본

구윤철 지음

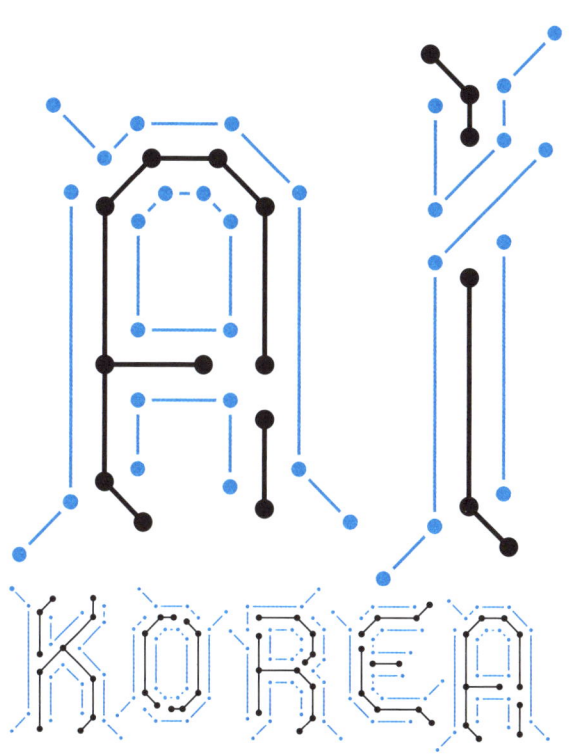

프롤로그

나는 왜
이 글을 쓰는가?

요즘 정치, 경제, 사회 어느 분야를 막론하고 전 세계적으로 한창 거론되는 화두는 인공지능(AI: Artificial Intelligence)이다.

나는 지난 2025년 1월 미국 네바다주 라스베이거스에서 열린 국제전자제품박람회(CES: Consumer Electronics Show)에 다녀왔다. 공직 생활 중에는 너무 바빠 가지 못했던 나의 첫 번째 CES 참석이었다. 참석 전에는 말만 듣고 뇌리에만 새긴 탓인지, CES 현장에서 느낀 나의 첫 감회는 각별했다. 가장 큰 감회는 세상이 어떤 방향으로 움직이는지를 내 눈으로 직접 확인했다는 점이다. 이번 2025년 CES에서의 핵심 화두는 전자제품 자체보다는 단연코 AI였다.

그 후 2025년 3월 스페인 바르셀로나에서 개최된 국제모바

일기기박람회(MWC: Mobile World Congress)에도 연속해 참석했다. 세상의 변화 트렌드가 무엇인지 한 번 더 확인하고 싶었다. MWC에서도 역시 모바일보다는 AI가 최고의 화두였다. 우리가 함께 사는 세계는 곳곳마다 AI, AI, AI, AI… AI를 목 놓아 부르짖고 있었다.

솔직히 말해, AI에 관해 내가 본격적으로 공부하기 시작한 것은 2023년 4월 챗지피티(ChatGPT)4o가 출시되면서부터였다. 시기상 내가 공직 생활을 벗어난 지 불과 1년도 되지 않은 때였다. 공직 생활 후 잠깐의 휴식이었지만, 내겐 그 하루하루가 무척이나 길었다. 내 몸엔 여전히 바쁘게 돌아가는 공직 생활의 리듬이 가시지 않고 있었다.

몸에 익은 습관을 덜어내는 것을 마냥 흐르는 시간에만 맡겨둘 수 없었다. 그러자 나도 모르게 무언가 새로운 일에 대한 관심과 의욕이 모락모락 피어올랐다. 그간 가슴에만 품고 있던 것도 있었다. 갖가지 생각이 겹쳐지는 가운데 나도 모르게 불쑥 지금 내가 살고 있는 시대의 화두가 무엇인지 그 실체가 궁금했다. 이러한 생각이 가닿은 곳이 바로 AI였다. AI에 대한 관심과 공부는 이렇게 시작됐다.

그 후 유튜브 등을 서핑하며 AI에 관한 기본적인 내용을 학습했고, 관련 서적을 몰아서 읽었다. 한편 주로 시장(市場)에서 실제로 AI 벤처기업 등을 운영하는 대내외 기업인과 교류하며 AI에 관한 현장감 있는 공부를 했다. 특히 AI의 주창자 중 한 사람이자 세계일반인공지능협회 회장인 미국의 벤 거츨(Ben Goertzel)과의 교류를 통해 AI의 향후 진전 방향 등에 대해 의견을 나누면서 많은 부분을 이해할 수 있었다.

또한 국제전기통신협회(IEEE)의 TEM AI 표준위원장인 투피 살리바(Toufi Saliba)와도 교류하면서 AI에 대한 인식과 학습에 큰 도움을 받았다. 이외에도 튀르키예 안탈리아에서 개최된 세계 AI 벤처기업인의 워크숍에도 참여하는 등 AI의 세계시장 흐름을 파악할 수 있었다. 물론 국내 AI 관련 벤처기업인, AI 관련 전문가, 국내 유수 대학의 AI 관련 교수 등과도 자주 교류하며, 관련 내용을 하나하나 배우고 익혔다.

이 책은 지난 2년여 동안 행한 세계적인 AI 전문가와의 교류, AI 시장 현장 파악, 글로벌 시장 동향 지식과 경험뿐만 아니라, 지난 33년간 우리나라 정부에서 정책전문가로 재직하며 얻은 지식과 경험적 삶을 담고 있다.

이 모두를 융합해 《AI 코리아》라는 두 번째 책을 내놓게 됐다. 첫 번째 책은 '대한민국 대혁신 실행전략 11가지'를 집약한 《레볼루션 코리아(REVOLUTION KOREA)》였다. 이 두 번째 책은 AI의 기술 그 자체보다는, 우리가 직면한 AI 시대가 인간

2024 세계AI벤처기업인포럼에서 벤 거즐과 투피 살리바

투피 살리바와 함께

사회에 미치는 영향, AI와 인간이 공존 공생하기 위한 AI 규제와 AI 거버넌스 문제 등에 주안점을 두고 집필했다. 그뿐 아니라, 우리나라가 AI 시대에 대비해야 할 주요 요소와 AI 시대에 대응한다면 우리나라는 어떤 방향으로 대응할 것인가 등에 대한 제언도 담고 있다.

주된 키워드는 AI와 대한민국 두 가지다. 모두가 관심 갖고 있으면서도 실제로 어떻게 대응해야 하는지 물으면 대부분 주저하게 되는 AI 시대는 인간에게 축복일 수도, 저주일 수도 있다. 그 답은 우리 인간이 어떻게 하느냐에 달렸다.

인간이 AI를 바른(善) 방향으로 활용하면, 좋은(Good) AI가 세상을 도와줄 수 있지만, 인간이 AI를 나쁜(惡) 방향으로 이용하면, 나쁜(Bad) AI가 세상을 지배할 것이다. 세계의 지성인이 AI 시대를 맞아 윤리 문제를 매우 중요하게 거론하는 이유는 여기에 있다. AI를 가짜 뉴스, 절도, 살인 등 나쁜 방향으로 악용하지 않고, 인간에게 좋은 방향으로 사용하기 위해서는 무엇보다 AI 관련 윤리 문제를 선제적으로 해결하지 않으면 안 된다는 얘기다.

AI 시대에는 인간의 일자리가 줄어들 것이라는 불안도 적지 않다. 그러나 AI가 인간과 공존 공생하면서 좋은 방향으로 활용된다면, AI가 인간을 대신해 일하고 인간은 자기 자신을 위한 여가, 헬스, 자기 개발 등 행복한 삶을 누릴 수 있다. 장기적 관점에서 보면, AI가 전적으로 인간을 대신해 일하고 AI가 가져다주는 부(富)로 인해 인간은 기본소득을 받는 행복한 삶도 꿈꿀 수 있다.

그러나 AI 시대에는 AI에 대한 인간의 관리가 필수적이다. 특히 AI 로봇, AI 자동차, AI 드론 등 움직이는(Moving) AI에 대한 통제는 반드시 필요하다. 움직이는 AI를 관리, 통제하지 않으면 그 AI가 어떤 잘못된 일을 저지르더라도 인간이 관리, 통제, 추적할 수 없기 때문이다. 바로 그렇기에 AI 제조(출생), AI 등록, AI 이전 관리, AI 창작물에 대한 저작권 인정, AI 소득 인정 및 세금 부과 등과 같은 향후 인간이 직면할 중요한 이슈에 대해 낱낱이 거론했다.

AI에 대한 대다수 국민의 인식은 이를 기술로만 인식하고 '나는 AI를 잘 모른다'는 답변만 늘어놓기 일쑤다. 여기서 우리는 깊이 인식해야 한다. AI를 기술로 인식하는 것은 소수의 AI 기술 전문가가 다루는 영역이란 사실이다. 우리나라의 일반 국민은 이미 개발해놓은 AI 기술을 잘 활용하면 된다. 일반 국민으로서는 우리나라의 기업, 생활, 사물, 행정 등에 AI를 어떻게 최고로 활용해 효율성을 극대화하고, 비용을 최고로 줄이고, 새로운 비즈니스 모델 개발 등 생산성을 극대화하느냐가 주된 관건이다.

　이런 측면에서 우리나라는 AI의 활용에 최대의 주안점을 둘 필요가 있다. 이를 위해 범국가적 차원에서 AI에 대한 교육과 훈련을 대대적이고 과감히 추진할 것을 특별히 강조하고 싶다. 일부 AI 전문가는 AI가 한글처럼 쉽게 이해될지 모른다. 그러나 일반 국민의 경우 조선시대 백성이 느꼈던 한자(漢字)처럼 AI가 어렵고 이해하기 힘들 것이다. 바로 그래서, 나는 한자처럼 어려운 AI가 아니라 우리나라 국민 누구든 쉽게 이해하고 사용할 수 있는 '한글과 같은 AI'가 되도록 교육할 것을 강력히 주장한다.

　이 책의 제1장에서는 AI 시대와 인간의 관계에 대해 주목했다. 주요 이슈는 AI 시대 윤리, 인간의 일자리, 인간의 행복 그리고 기본소득이다.

　제2장에서는 AI 시대와 AI를 관리, 통제할 거버넌스 문제에 집중했다. AI의 제조 단계부터 관리하고, AI 운영 단계의 등록관리, AI의 소유권 이전, AI가 생산한 저작권 인정, AI 귀속 소득과 과세 문제까지 두루 다루었다.

　제3장은 AI 시대에 중요하게 거론되는 중심 요소를 기술했다. 미국 중심으로 개발된 거대언어모델(LLM: Large Language Model)이 우리에게 주는 의미와 중국이 개발한 딥시크

(Deepseek)가 우리에게 주는 의미가 각각 무엇인지, 그리고 우리나라가 중점을 둬야 할 물리적(Physical) AI 개발, 로봇의 중요성, 탄화규소(SiC) 전력 반도체 개발, AI 데이터 박스, AI 링(Ring) 등에 대해 살펴보았다.

마지막 제4장에서는 AI 시대를 맞이해 우리나라가 나아가야 할 방향에 관해 짚어보고 예측했다. 우리나라만의 AI 관련 기술 개발이나 AI 기술 인력의 양성 전략, AI를 활용한 대한민국 글로벌 1등 전략, 그리고 UN 산하의 AI 기구 우리나라 유치 등과 같은 획기적인 부분을 역설했다. 또한 이를 제도적, 정책적으로 뒷받침할 국가기관의 AI 거버넌스 혁신까지 다루었다.

이 책은 한마디로 AI 시대의 급속한 진전에 대비한 우리나라의 대응 전략을 국가정책을 오랫동안 수행한 정책 전문가의 시각에서 기술한 것이다. AI 기술 전문가의 입장에서 보면, AI 기술에 대한 설명이 전혀 없고 자신들이 참고할 전문성이 없다고 이야기할 수 있다. 심지어 AI 비(非)전공자가 무슨 AI를 거론하느냐고 말할 수도 있다. 그렇다. 틀린 말이 아니다.

그러나 어느 누구도 '빛의 속도'로 변화하는 AI에 대해 다 알 수는 없다. 게다가 AI가 우리 인간 생활 속으로 확실하게 유입된 것도 불과 2년 정도밖에 지나지 않았다. 지금도 모든 사람이 현재 AI에 대해 각자 알아가고 있는 과정에 있다. 나도 그런 사람 중 하나다. 그런 측면에서 이 책은 기술 전문적인 AI 서적과는 다른 관점에서 저술됐다는 점을 이해해줬으면 좋겠다.

앞서 지적했듯이, 이 책은 여러 면에서 많이 부족하다. 그러나 AI 시대가 급속하게 진전되는 이 시대에 우리 대한민국이 어떤 방향으로 나아가는 것이 유익할지, 나의 소박한 고민과 의견을 제시한 것이다. 끝으로 바라건대 내 나름의 고심과 경험적 지식, 실용과 혁신적 생각이 융합된 이 책이 우리나라의 AI 발전에 작은 기여라도 할 수 있기를 기대한다.

Contents

프롤로그　나는 왜 이 책을 쓰는가? · 4

I   AI 시대와 인간

빛의 속도로 진화하는 AI 시대 · 19
AI와 인간의 공존 · 27
AI 윤리는 어디로 · 34
인간 대신 AI가 일하는 미래 · 41
AI는 부지런히 일하고, 인간은 행복하게 · 44
AI 시대, 기본소득으로 행복한 소비를 · 47

II   AI 시대와 거버넌스

인간과 AI의 공존은 거버넌스에서 시작한다 · 53
UN 차원의 글로벌 AI 관리 체제 · 56

III   AI 시대와 AI 대한민국

거대언어모델, 대한민국의 특화 개발로 · 67
중국 딥시크의 충격 · 71
대한민국, 물리적 AI에 총력을 · 74
로봇에 AI의 옷을 입히자 · 77
청년 AI 전사 100만 명 양성 · 80

탄화규소 전력 반도체를 개발하자 • 82
개인 AI 데이터 박스의 출현 • 84
AI와 AI가 소통하는 시대 • 87
인간과 AI의 소통 도구, 링 • 89

IV AI 시대와 대한민국의 전략

AI 시대에 어떻게 대응해야 하는가 • 95
대한민국의 대응 방향 4가지 • 104
전략 1 AI 기술 개발과 AI 기술 인력 양성 • 106
AI를 기술 측면에서만 접근해야 하는가 • 113
전략 2 AI 활용 접근법 • 116
AI+X 실행, 새로운 비즈니스 모델 개발 • 121
전 국민을 AI 전사로 육성 • 127
청년 100만 명을 AI 전문 전사로 육성 • 138
대학 교육 혁신: 모든 학문 연구에 AI 활용 • 141
AI 자격인증제도 도입 • 144
AI 활용경진대회 실시 • 147
AI 창업 촉진 • 150
전략 3 AI 관련 UN 기구, 대한민국에 유치 • 153
전략 4 국가기관의 AI 거버넌스 혁신 • 156
물리적 AI를 현실에 제대로 적용하려면 • 165

에필로그 **글을 마치며** • 172

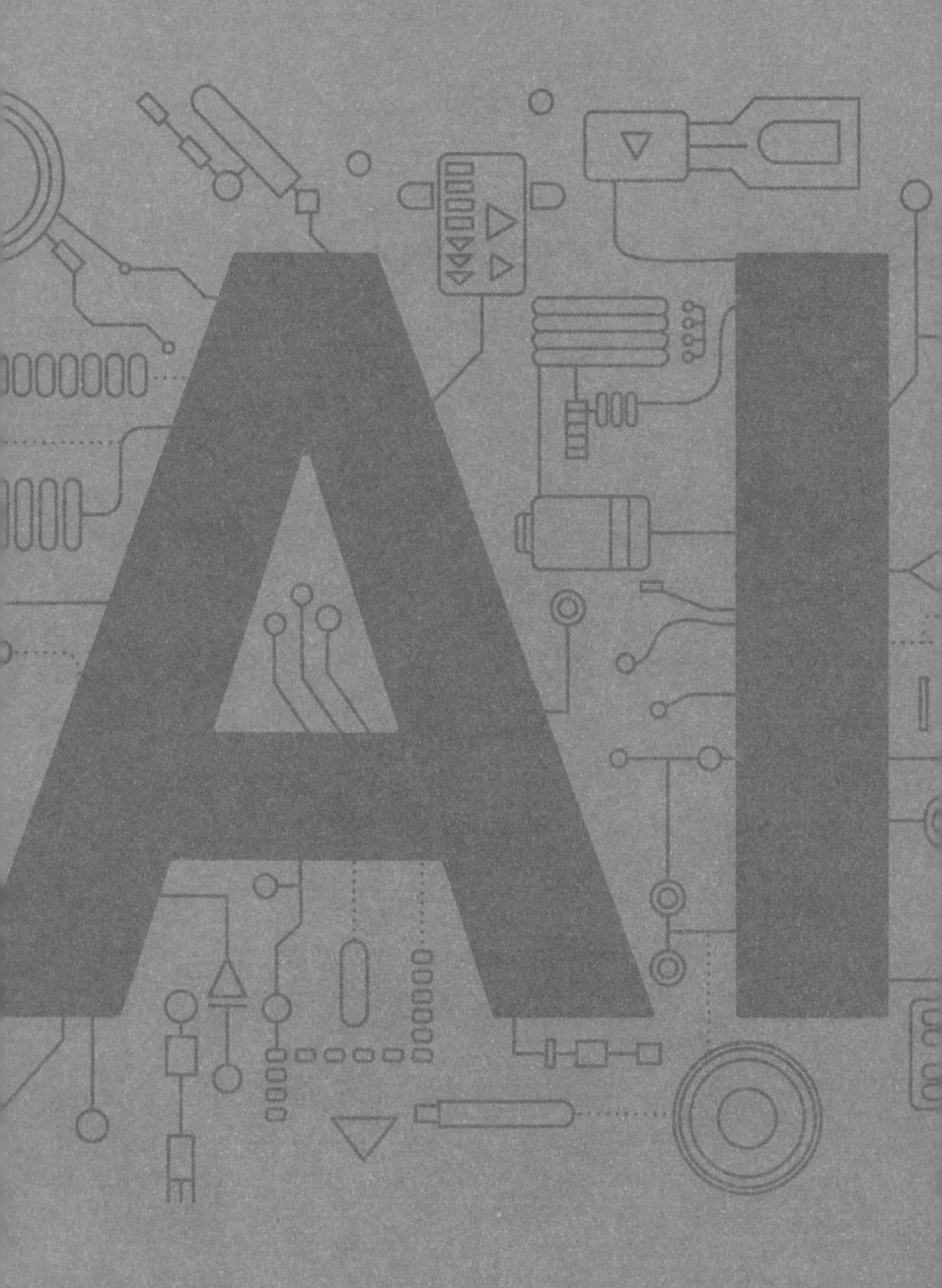

AI 시대와 인간

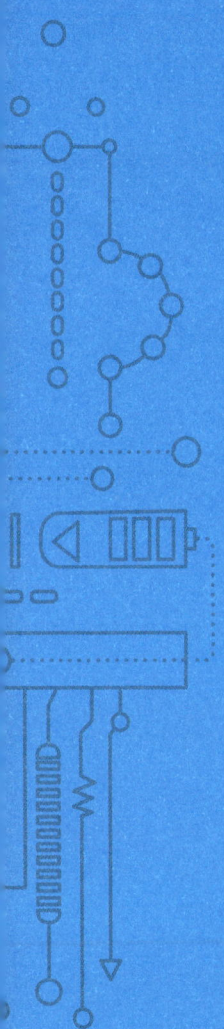

I

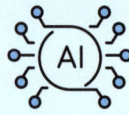

빛의 속도로 진화하는 AI 시대

AI와 인간의 공존

AI 윤리는 어디로

인간 대신 AI가 일하는 미래

AI는 부지런히 일하고, 인간은 행복하게

AI 시대, 기본소득으로 행복한 소비를

빛의 속도로 진화하는
AI 시대

세계는 지금 인공지능(AI) 시대의 한가운데 살고 있다. 우리나라 역시 마찬가지다. 아니, 솔직히 말해 다른 나라와 달리 우리나라는 AI와 훨씬 더 관계가 밀착되어 있다. 다른 나라에 비해 디지털 기술의 발전 속도가 매우 빠른 데다 가뜩이나 '빨리빨리' 문화가 생활화된 나라인지라 AI에 대한 국민의 관심과 인식은 나이 고하를 막론하고 거의 일상생활 수준으로 파급되고 있다. 하지만 놀랍게도 우리 국민은 이런 사실 자체는 알고 있지만, 아직 실제로 체감하지는 못하는 듯하다.

  인류 역사에서 과학기술은 다양한 문명을 탄생시켰다. 기술철학사 측면에서 나는 인류 문명 초창기부터 2023년 3월까지를 '전(前) AI(Before AI) 시대'라 하고, 2023년 3월 이후를 '후

(後) AI(After AI) 시대'라고 과감히 명명하고 싶다. 학술적으로 말하기 위해 이런 시대 구분을 거론한 것은 아니다. 오늘날 이루어지고 있는 과학기술의 발전 양상을 보면 이런 구분이 가능하다는 얘기다.

시대와 시대를 구분하는 과학기술의 발전은 언제나 '혁명'처럼 다가왔다. 유사 이래 농업혁명, 산업혁명, IT혁명 등으로 거론되는 혁명과 비교해 전 지구적 차원에서 이루어지고 있는 지금의 AI혁명은 역사상 다른 혁명의 영향력에 비교해 강할 뿐만 아니라 '빛의 속도'로 파급되고 있어 미래를 쉽게 점칠 수 없을 정도다.

비유컨대, AI 이전 시대의 발전 속도가 느린 에스컬레이터를 타고 이동하는 수준이라면, 2023년 3월 이후의 AI 시대는 초고속 엘리베이터에 실려 이동하는 수준일 것이다. 더욱이 앞으로 AI 기술이 진행 속도에서나 부가가치 면에서 인간의 삶에 미칠 영향력이 어느 정도인지, 지금의 우리로선 상상도 하지 못할 정도로 발전하리라는 것은 분명하다.

AI의 등장

도대체 언제부터 오늘과 같은 AI 시대가 시작된 것일까? AI의 역사를 거슬러 올라가 보자. 1943년 신경과학을 연구하던 워런 매컬러(Warren S. McCulloch)와 월터 피츠(Walter Pitts)는 '매컬러-피츠' 모델을 개발한 후 2진법 기반으로 인간의 뉴런이 어떻게 작동하는지를 제시했다. 1947년 이후 트랜지스터와 컴퓨터 기술이 발달하자 '컴퓨터를 이용해 인간의 두뇌를 만들고, 인간이 하는 일을 대신하게 할 수 있지 않을까?'라는 의견이 제시됐다. 이후 AI는 빠른 속도로 학문의 영역에 유입됐다.

AI라는 용어가 처음 등장한 것은 1955년 8월 31일 미국 뉴햄프셔주 해노버에 있는 다트머스대학교에서 열린 학회에서였다. 마빈 민스키(Marvin Minsky), 클로드 섀넌(Claude Shannon) 등 AI 및 정보처리 이론 정립에 지대한 공을 세운 이들이 개최한 이 학회에서 존 매카시(John McCarthy)가 AI라는 용어를 처음 사용했다. 특히 이때 마빈 민스키는 최초로 회로화된 신경망 SNARC(Stochastic Neural Analog Reinforcement Calculator)라는 시스템을 구축했다.

그 후 50년이 지나 2006년 제프리 힌턴(Geoffrey Hinton) 교수가 심층신뢰신경망(DBN: Deep Belief Network)을 발표하면서 딥 러닝(Deep Learning)이 그동안 우세하던 인공신경망의 상위 개념으로 등장했다. 그로부터 10년 뒤인 2016년 구글 딥 마인드의 알파고가 바둑을 통해 처음으로 딥 러닝 방식을 대중화

함으로써 몇몇 분야에서 인간의 수준을 뛰어넘는 역량을 입증했다. AI가 빠른 속도로 인간의 능력을 추월할 수 있다는 인식은 이로써 확산됐다.

2017년 구글 브레인(현재 구글 딥마인드)의 연구원 여덟 명이 어텐션 메커니즘(Attention Mechanism) 방식을 토대로 지금의 거대언어모델(LLM: Large Language Model)의 토대가 될 구글 '트랜스포머 이론'을 개발했다. 그러자 구글이 나서서 이 트랜스포머 이론을 오픈 소스로 공유하면서 누구든 이용할 수 있는 거대언어모델 개발이 쉬워졌다. 그와 더불어 해당 이론을 바탕으로 오늘날 오픈 AI(Open AI), 앤스로픽(Anthropic), 인플렉션 AI(Inflection AI), 퍼플렉시티(Perplexity) 같은 많은 새로운 AI 기업이 우후죽순으로 탄생했다.

2022년 하반기부터는 클라우드 컴퓨팅을 기반으로 한 빅테크 기업이 생성형(Generative) AI 개발 경쟁에 본격적으로 나서면서 AI 역사상 일대 격변이 일어났다. 본격적인 AI 시대는 바로 그다음 해인 2023년부터다. 2023년 3월 미국의 마이크로소프트가 챗지피티4를 출시하면서 전 세계 사람들은 AI를 일상생활에서 접하게 됐을 뿐 아니라, 이를 본격적으로 활용함으로써 AI 시대의 서막이 열린 것이다.

그렇게 본다면 본격적인 AI 시대는 2025년 5월 현재로선 이제 갓 두 돌을 지난 셈이다. 그런데도 2024년 5월에는 벌써 챗지피티4보다 향상된 기능을 갖춘 챗지피티4o가 등장했다. 2025년 2월에는 성능이 더 개량된 챗지피티4.5가 출시됐다. 이것은 AI의 진화 속도가 무서울 정도로 빨라지고 있다는 증거다. 한마디로 이제 AI 시대라는 해(Sun)는 지구촌의 하늘 중천을 향하고 있다고 해도 과언이 아니다.

AI 이전과 이후

AI 시대의 출현으로 인류의 역사가 'AI 이전(Before AI) 시대'와 'AI 이후(After AI) 시대'로 구분된다고 거론한 나의 주장은 바로 이런 시대적 변화와 상황적 흐름을 감안한 것이다. 거듭 강조하거니와 국가정책 전문가인 내 눈에 비친 AI 시대는 인류의 역사 태동기로부터 2023년 3월 이전까지 약 2000년간이 'AI 이전 시대', 2023년 이후 지금까지 약 2년간이 'AI 이후 시대'로 구분된다.

여러분도 한번 생각해보라. 지난 2000년까지의 시기와 최근 2년 동안 일어난 변화와 혁신의 속도를 말이다. 지금 우리가 맞이하는 AI 시대는 이전 시대와는 전혀 다른, 인류에게 커다란 기회와 함께 엄청난 위험을 가져올 수 있는 새로운 뉴 노멀(New Normal) 시대다. 게다가 우리가 직접 겪고 있는 지금의 AI 시대는 여기서 멈추지 않고 앞으로도 계속 가속화될 것이다. 그 속도는 우리의 상상을 초월할 것이고, 인류가 컨트롤하기도 힘들 것이다. 차차 거론하겠지만, 지금의 AI 시대는 우리에게 그동안 인류가 경험한 농업혁명, 산업혁명, IT혁명, 모바일혁명 등 그 어떤 역사적 혁명에 비해 상대도 되지 않을 극히 짧은 시간 내에 강력한 영향력을 행사할 것이다.

현재의 우리를 알려면, 우리가 살아온 과거를 되짚어봐야 한다. 과거 수천 년 동안 인류는 농업혁명을 겪었고, 그 후 200년 이상 지속된 산업혁명기를 지나 최근에는 기술혁명 시대를 맞이했다. 그리고 그 혁명의 주기는 급속도로 짧아지는 추세다. 최근 들어 정보통신(IT)혁명기는 컴퓨터가 처음 나온 1946년을 기준으로 보면 약 60년 동안에 불과했다.

그런데 스마트폰이 등장하자 상황은 더 확 바뀌었다. 스티브 잡스(Steven Paul Jobs)가 개발한 스마트폰은 2007년부터 세상에 본격적으로 출시됐고, AI혁명을 알리는 그 본격적인 시작은 2023년부터였다. 앞서 이룩한 기술 발전의 역사 운운할 것도 없는 극히 짧은 기간이지만, AI가 발전하는 속도는 우리의 상상을 초월한다.

이제 인류는 우리 앞에 닥쳐온 AI 시대에 대한 준비를 단단히 해야 한다. 제대로 준비하고 빠르게 적응하는(Early Adaptor) 사람은 살아남을 것이고, 그렇지 않은 사람은 도태할 것이 분명하다. 그렇다면 개인을 넘어 국가 차원의 준비는 어떠해야 하는가? 우리나라는 AI 이후 시대의 주도 국가가 되도록 모든 국민이 AI를 학습하고 AI 시대에 대응할 수 있도록 해야 한다.

AI 시대의 미래는

앞으로 도래할 AI 시대의 미래는 어떠한 모습일까. 아주 충격적인 대답일지 모르나 지금의 우리로선 예측하기 어렵다. AI 시대는 디지털 기술의 발달 속도 면에서 상상하기 힘들 정도로 급격히 변화할 것이다. AI 시대의 변화 속도를 그래프의 기울기로 비유한다면 그 변화는 45도, 60도가 아닌, 거의 수직(90도)에 가까울 것이다.

   AI는 사람의 뇌와 달리 데이터 용량이 엄청나다. 한번 입력된 지식은 결코 지워지지 않는다. AI에 입력된 데이터의 양이 많으면 많을수록 AI는 그만큼 더 똑똑해진다. 지금도 AI에 제공되는 데이터의 양은 엄청난 속도로 증가하고 있고, 그와 더불어 AI는 인간 생활 곳곳에 더 많이 유입될 것이다. 모든 인간 생활에, 그리고 온갖 사물마다 AI가 적용될 것이다.

이렇게 진행되면 결국 AI는 인간보다 더 많이 알고, 더 많이 인식하고, 더욱 똑똑해질 수밖에 없다. 기계적인 능력이 무궁무진한 AI는 인간이 상상하는 것보다 훨씬 더 많이 인간 세상을 바꾸어놓을 것이다. 그렇다면 그 끝은 어디일까. 역설적으로 아무도 이를 예측할 수 없다.

AI와 관련한 논란도 적지 않다. 인간이 만들어낸 AI가 종국에는 우리를 멸망시킬 것이라는 우려다. AI가 너무 똑똑해지고 자기 학습을 종횡무진으로 하면 결국 그 AI가 '인간은 자신을 이용만 한다'고 생각해 인간을 멸망시킬 것이라는 생각이다. 그래서 우리는 AI를 인간에게 도움이 될 수 있도록 잘 통제하고 관리하지 않으면 안 된다. 이제 우리는 어떻게 해야 할까.

AI와 인간의 공존

전 세계 AI 관련 전문가들은 매우 이른 시기에 AI가 인간 세상을 지배할 것이라고 말한다. 즉 앞으로의 미래는 AI 부문 승자가 곧 전 세계의 승자가 될 것이란 얘기다. 그런데 AI와 관련해 중요한 우려 사항이 있다. 만약 인간이 AI를 나쁜 쪽으로 활용하면 어떻게 되느냐 하는 문제다. 물론 대부분은 AI를 좋은 방향(Good AI)으로 활용하겠지만, 반대로 나쁜 AI(Bad AI)가 세상을 지배할 가능성도 크다. 예를 들어 AI가 만들어내는 가짜 뉴스, AI 전투 드론 등 AI를 전쟁터의 살상용 무기로 사용하거나, AI를 이용한 살인, AI를 이용한 금고털이 같은 인간의 빗나간 욕망을 채우는 데도 활용될 가능성이 있다.

문제는 이러한 나쁜 AI가 우리 생활 곳곳에 침투하는 것을 어떻게 막느냐다. AI 시대의 급속한 진전에 대비해 우리는 나쁜 AI에 대한 관리, 통제 방안을 강구해야 한다. 인간이 나쁜 AI에 의해 멸망하지 않으려면 더욱 그러하다. 따라서 우리는 AI의 출생(제조) 단계부터 AI의 제조 현황 등을 관리해야 한다. 출생 이후에는 AI의 등록(Legal ID 부여) 관리, AI 윤리 강화(착한 AI 교육) 등을 통해 좋은 AI가 많이 출생하고 나쁜 AI의 출현을 막는 등의 AI에 대한 체계적 관리나 통제 시스템을 구축해야 한다. 물론 나쁜 AI를 축출하는 시스템도 동시에 마련해야 한다.

한편 누군가는 이런 지적도 한다. 'AI가 너무 똑똑해지면 인간이 자신을 제거하려는 것을 미리 알고, AI가 먼저 인류를 제거할 것'이라고. 그래서 나쁜 AI를 축출하려는 인간의 노력은 결국 물거품으로 돌아가 결국에는 '인간이 AI에게 지배된다'고. 이는 AI의 위험성에 대해 경고하는 중요한 지적 중의 하나다.

이처럼 AI 시대에는 우리가 AI를 잘못 제조, 관리, 운용할 경우 인간에게 무시무시한 독이 될 수 있다. 과연 AI는 인간에게 선(善)이 될 것인가, 아니면 인류의 파멸을 촉진하는 독(毒)이 될 것인가? 그 판단은 인간이 어떻게 AI를 인식하고 관리하며, 활용하느냐에 달려 있다. AI 윤리가 매우 시급히 필요한 이유는 여기에 있다.

선한 AI와 악한 AI

인간에게 AI는 무엇인가? 선일까, 악일까? AI의 발전 역사에서 가장 크게 공헌한 사람을 꼽으라면 딥 러닝의 창시자 요슈아 벤지오(Yoshua Bengio) 캐나다 몬트리올대학 교수일 것이다. 놀랍게도 그는 2023년 3월 '초거대 AI 연구를 6개월 동안 일시적으로 중단하자'는 제안을 했다. AI 분야의 최전선에서 연구해온 그가 왜 갑자기 AI 기술 개발 중지를 선언한 것일까?

그의 선언은 많은 사람에게 적지 않은 놀라움을 주었다. 물론 벤지오 교수 외에도 유발 하라리 히브리대학 교수, 스티브 워즈니악 애플 창업자, 스튜어트 러셀 캘리포니아대학 교수 등도 동조했다. 이들 역시 AI의 등장 과정에서 나타난 각종 악용 사례나 편향, 거짓말 같은 기술적 한계를 보완할 안전 대책을 거론했다.

당시 벤지오 교수나 많은 AI 전문가들이 지금과 같은 AI 기술 개발을 중단하자고 제안한 더 구체적인 이유는 무엇일까? 그것은 AI가 인간의 의도와 다르게 악용되거나 행동할 수 있는 문제점과 잘못된 윤리관을 가진 인간이 나쁜 AI를 소유하거나 이를 남용하는 것에 대한 걱정과 두려움 때문이었다.

인류에게 AI는 선으로 작용하는 측면이 결코 적지 않다. AI를 활용하면 인간 사회의 고질적인 문제를 쉽게 해결할 수 있고, 제조업의 생산성을 증대시키거나 비용 절감과 부담 경감도 이룰 수 있다. 그뿐 아니라 새로운 창작물이나 비즈니스 모델 개발 등 인류가 얻을 수 있는 수많은 도움도 빼놓을 수 없다. 그럼에도 벤지오 교수는 AI가 인간에게 선보다는 오히려 악으로 작용할 것이 두려워 AI 기술 개발의 중단을 제안했을 것이다.

사실 지금도 AI 기술 발전이 가속화되면서 그 폐해는 속속 드러나고 있다. AI를 악용한 가짜 뉴스 생산, 여론 조작 등 나쁜 AI가 우리의 일상생활에 더 빠르게 확산하고 있다는 것이 단적인 증거다. 그런데 어떻게 보면 이런 가짜 뉴스, 여론 조작 등은 그나마 나은 것일지 모른다. 앞으로 AI 기술이 한층 더 발전하면서 가져올 더욱 나쁜 문제들이 있다. AI가 살인, 절도, 전쟁 등에 사용되어 인간을 파괴하는 데 앞장서는 경우다. 이것은 나쁜 AI가 지금의 세상과 우리 인간을 지배할 가능성이 훨씬 증가할 수 있다는 얘기다.

반대로 우리가 맞이할 AI 시대는 결코 거스를 수 없다고 주장하는 전문가도 많다. AI 시대의 부작용만 너무 부각해서 AI

시대의 진전을 막는 것은 매우 어리석다는 것이다. 특히 빌 게이츠가 이런 주장을 하는 대표적 인물이다. 그는 AI 기술을 기후변화나 불평등 해소 등의 해결 방안 수단으로 적극 활용해야 한다면서, AI 기술 발전을 늦추는 것은 결코 인간에게 이롭지 않다는 의견을 제기했다.

악한 AI의 통제

사실 인간에게 가장 큰 문제는 AI의 악용이다. 만약 인류가 이 세상에 AI가 얼마나 존재하고 있는지조차 관리하지 않아, 그 정확한 실상과 통계를 알 수 없는 상황이라고 가정해보자. 그렇다면 나쁜 AI가 살인, 방화, 절도 등 사회에 큰 해악을 끼치는 사고를 치더라도 우리는 어떤 AI가 그런 사고를 쳤는지 전혀 파악할 수 없다.

이렇게 되면 인류는 엄청난 혼란에 빠질 수밖에 없다. 심지어 이런 나쁜 AI의 활동은 전혀 관리와 통제조차 할 수 없는, 무정부 상태(Anarchy)를 발생시킬 수 있다. 특히 똑똑한 AI 자동차, AI 로봇, AI 드론 등 움직이는 AI 또는 인간을 닮은 휴머노이드 AI 로봇이 이 세상을 고삐 풀린 망아지처럼 아무런 통제도 받지 않고 돌아다니면서 인류에게 나쁜 짓을 한다면 세상은 어떻게 될 것인가. 기이하게도 이런 형국이라면 오히려 나쁜 AI에 의해 인간이 지배당할 가능성이 클 수밖에 없다. 이런 무정부 상태가 발생하지 않도록 하려면 어떻게 해야 하는가.

인류는 AI의 출생 관리는 물론이고, AI 시대의 윤리, AI의 이동 관리 등에 대한 명확한 기준을 마련해야 한다. 더 나아가 국가와 국가를 뛰어넘어 국제 사회에도 적용될 국제적인 가이드라인 등을 마련해 나쁜 AI가 각종 악행을 저지르기 전에 미리 철저히 관리할 수 있는 대비책을 갖추어야 한다.

우선 나쁜 AI가 애당초 출생(제조)하지 않도록 인간 교육부터 해야 한다. 그렇지 않으면 나쁜 AI를 만든 인간이 자기 손으로 만든 AI에 의해 오히려 멸망할 가능성이 있다. 다시 한번 강조하지만, AI 시대를 맞이한 인류에게는 AI 윤리에 대한 교육이 반드시 필요하다.

그러나 아무리 나쁜 AI를 출생시키지 않도록 인간을 교육한다 하더라도 나쁜 AI의 출생을 막을 수는 없을지도 모른다. 그럼에도 AI 윤리를 체계적으로 마련해둔다면 최악의 사태는 피할 수 있을 것이다. 무엇보다 AI 시대가 인간에게 선으로 작동할 수 있도록 선제적인 장치를 최대한 마련해야 한다.

인간이 창조한 AI가 인간을 파멸시키도록 내버려둬서는 결코 안 된다. 인간은 AI를 잘 활용, 관리, 통제해 인간에게 도움이 되는 방향으로 AI와의 공존 방안을 미리 설계해야 한다.

이를 위해 인간에 대한 AI 시대의 윤리 교육 강화와 AI가 선한 방향으로 작동할 수 있도록 윤리 의식을 교육하는 방안도 모색해야 한다. 이를 통해 인간이 창조한 AI가 인간의 행복을 위해 공존, 번영할 수 있는 조치를 사전에 갖추어야 한다. 인간과 AI의 공존과 번영 장치는 AI 시대를 맞이한 우리 인류에겐 최상위 선결 과제다.

AI 윤리는 어디로

AI 시대에 AI와 인간이 상생하고 공존하려면, AI 시대의 윤리가 매우 중요하다. AI 시대, AI 윤리가 바르게 설정되지 않으면, 그 피해는 결국 우리에게 고스란히 귀결될 수밖에 없다. 앞서 살펴본 바와 같이, 이런 형국에 처하면 우리는 결국 파멸할 것이다. 이는 AI 시대에 맞는 새로운 AI 윤리를 적합하게 설정해야 할 이유이기도 하다.

AI 시대에 맞는 AI 윤리를 '인간'의 AI 윤리와 'AI'의 AI 윤리 두 부분으로 나눠서 살펴보자.

'인간'의 AI 윤리

AI 시대, AI를 창조하는 '인간의 AI 윤리'가 무엇보다 중요하다. 인간이 바로 AI를 창조하기 때문이다. 창조자가 AI를 어떻게 창조하느냐에 따라, 그 창조물인 AI는 달라진다. AI를 창조하는 인간이 사악하면, 그 사악한 동기로 인해 사악한 AI가 창조될 가능성도 매우 크다. 반대로 인간이 선하면, 사악한 AI보다는 선한 AI가 창조될 가능성이 훨씬 클 것이다.

교묘한 이기주의로 인해 인간이 자기 욕심을 취하기 위해 나쁜 AI를 창조한다면, 이런 나쁜 AI를 통해 인간이 해서는 안 될 나쁜 행위가 실행될 것이고, 결국 인간이 창조한 AI는 인류에게 돌이킬 수 없는 나쁜 영향을 미칠 수밖에 없다. 이번 우크라이나전쟁에서 드론이 무지막지할 정도로 사용됐다. 앞으로 우리 역시 AI 드론을 만들어 전쟁에서 사용할 날이 머지않았다. AI 드론으로 수많은 인간을 교묘하게 살상한다면, AI를 창조한 인간에게 과연 선일까, 해일까?

이런 상황을 염두에 두면, AI 시대에 나쁜 AI를 창조하지 않도록 즉 창조되지 않도록 규율하는 국제적인 노력이 꼭 필요하다. 그리고 인간이 나쁜 AI를 창조하지 않도록 인간에 대한 AI 윤리 교육이 뒤따르지 않으면 안 된다. 나쁜 AI를 만들지 않도록 하는 인간에 대한 인성 교육의 중요성은 아무리 강조해도 지나치지 않는다.

그럼에도 결국 나쁜 AI를 만드는 인간은 나타날 것이다. 그럴 경우 이런 인간에 대한 격리, 교정 등의 강력한 조치가 필요하다. 이런 통제와 실행은 궁극적으로 우리 인간이 AI와 공존하기 위해서다. 이와 같은 다양한 노력을 통해 빠른 속도로, 그리고 매우 똑똑하게 진화하는 AI 시대에 인간을 파멸시킬 나쁜 AI의 탄생을 근원적으로 차단해야 한다. 또한 UN 차원에서 인간의 AI 시대 윤리 헌장을 마련해야 한다. AI 제조에 대한 UN 윤리 강령을 마련해 세계 각국에서 강제로 이행할 수 있게 해야 한다.

아직은 물리적인(Physical) AI가 보편화되지 않았지만, 조만간 실현될 것이다. 특히 로봇, 자동차, 드론 등 움직이는 물체에 AI가 접목되어 인간처럼 사고하며 이 세상을 돌아다닌다고 해보자. 게다가 이 가운데 지능이 높은 AI가 나쁜 목적으로 제작되어 도둑, 살인, 방화 등에 사용된다고 가정해보자. 함께 사는 인간 세상은 어떻게 되겠는가. 인간이 이들로부터 엄청나게 큰 피해를 보게 될 것이 분명하다. 그런데도 우리 인간은 AI와 공존이 가능하겠는가.

이런 점을 고려하면, AI 시대 인간의 AI 윤리 교육이 얼마나 중요한지 누구든 체감할 수 있을 것이다.

'AI'의 AI 윤리

인간의 AI 윤리가 제대로 정립, 교육되지 않아서 나쁜 AI가 창조됐다고 가정해보자. 그럴 경우 인간은 그냥 수수방관만 할 것인가. 도대체 적절한 대처 방법은 없는가. 그 방법의 하나가 AI 시대, AI의 AI 윤리일 것이다. 즉 인간이 사악한 AI를 아무리 창조해도, 그 AI에게 선한 윤리 교육 프로그램을 적용해 다시 선한 AI로 재탄생하도록 하면 어떤가.

  AI에게 착한 윤리 프로그램을 통해 선한 AI로 활동하도록 교육했다고 가정해보자. 그래서 선한 교육을 받은 AI가 가령 인간을 살인하라고 지시받으면, 그것을 나쁜 일로 판단해 그 지시를 거부토록 하면 문제가 해결될 수도 있지 않을까. 이런 급박한 상황에 AI가 100% 원활히 작동한다면, AI에게 AI 윤리 교육 프로그램을 심어 나쁜 AI가 탄생하지 않도록 제어할 수 있을 것이다. 이것이 바로 AI 시대, 'AI'의 AI 윤리다.

AI 윤리 '연구' 와 '교육'

이렇듯 AI 시대에는 인간과 AI가 공존하며 번영하기 위해서 AI 윤리가 엄청나게 중요할 수밖에 없다. 그렇기 때문에 지금부터라도 AI 시대의 AI 윤리에 관해 즉각 연구를 시작해야 한다. 오랜 속담이 말해주듯 시기를 놓치면 호미로 막을 것을 가래로도 못 막는다.

  이를 위한 현실적인 방안으로 우리나라의 많은 대학 가운데 어느 대학이라도 먼저 나설 수 있으면 좋을 듯하다. 그런 선도적인 대학에서 AI 시대 AI 윤리를 어떻게 정립하고, 이를 담보하기 위한 어떠한 제도적 장치를 마련해야 할지 등에 관한 연구를 시작해야 한다. 선도 대학이 나서서 AI 윤리연구학과, AI 윤리교육학과 등을 설치해 연구와 교육을 하루라도 빨리 시작해야 한다. AI 윤리 관련 학사, 석사, 박사 등을 배출할 수 있는 교육 체계를 마련해야 한다. 문제는 AI 윤리에 대해 그동안 축적된 연구가 거의 없다는 점이다. 더욱이 학생을 교육할 교수 요원이 많지 않다는 점이다.

  그렇지만 우리가 직면한 문제는 시급하다. 누군가 먼저 나서서 AI 윤리에 관한 연구를 시작해야 하고, 그 연구 결과를 토대로 인간이나 AI에 대한 윤리 교육을 시작해야 한다. 일찍 일어난 새가 먹잇감을 잡듯이, 먼저 시작하는 사람이 승자가 될 수 있다. 이를 통해 우리나라가 AI 윤리 연구나 AI 윤리 교육에서 세계 최고의 역량을 갖춰야 한다. 여기에 필요한 대학 정원의 확대 등 필요한 조치도 시대적 흐름을 선도할 수 있도록 조속히 실행해야 한다.

정부, AI 윤리 기준 제시

2020년 12월 23일 대한민국 정부는 관계 부처 합동으로 이미 AI 시대에 대비한 윤리 기준을 제시했다. 즉 '사람이 중심이 되는 AI 윤리 기준'이 바로 그것이다. 이에 따르면, '사람 중심의 AI' 구현을 위해 우리가 지향해야 할 최고의 가치로 '인간성(Humanity)'을 설정했다. 이는 모든 AI는 '인간성을 위한 AI(AI for Humanity)'여야 하고, 인간에게 유용할 뿐 아니라, 나아가 인간 고유의 성품을 훼손하지 않고 보존, 함양하도록 활용되어야 한다는 것이다.

　이러한 최고의 가치를 중시하며 AI 개발 및 활용 과정에서 고려해야 할 3대 기본원칙을 제시했다. 첫째, 인간 존엄성 원칙, 둘째, 사회의 공공선 원칙, 셋째, 기술의 합목적성 원칙이다. 또한 3대 기본원칙을 실천할 수 있도록 세부 10대 핵심 요건도 제시했다. 인권 보장, 프라이버시 보호, 다양성 존중, 침해 금지, 공공성, 연대성, 데이터 관리, 책임성, 안정성, 투명성이 그것이다.

정부는 'AI 윤리 기준'을 기본 플랫폼으로 하여 다양한 이해관계자가 참여한 가운데 AI 윤리 쟁점을 논의하고 지속적인 토론과 숙의 과정을 거쳐 정부, 공공기관, 기업, 이용자 등의 주체별 체크리스트 개발 등 AI 윤리의 실천 방안을 마련할 것이라고 천명했다.

사실 대한민국 정부의 이 윤리 기준에는 미비점이 없지 않다. 인간의 생존과 직결되는 AI의 본질적인 개발이나 활용 과정에서의 선한 AI 윤리 기준을 제시하지 못한 점이다. 앞으로 AI 시대, AI 윤리가 보다 연구되어야 할 필요성이 더욱 느껴지게 하는 대목이다. 지금의 우리나라에는 AI 시대, AI 윤리에 대한 연구나 교육 등에 있어서 세계 선진국을 앞서 나갈 수 있도록 지금부터 선제적인 조치가 절실히 요구되고 있다.

인간 대신 AI가 일하는 미래

2024년 한 조사에서 전 세계 근로자의 30%가 AI에 의해 자신의 일자리가 대체될 것을 우려한다는 결과가 나왔다. 골드만삭스의 보고서에 따르면, AI 자동화는 효율성과 생산성을 높여 인력을 혁신하는 동시에 수백만 개의 일상적이고 수동적인 일자리를 위험에 빠뜨릴 것이다. 특히 그중에서도 AI가 숙련되지 않은 인력에 미치는 영향이 갈수록 커질 것이다. 한 전망에 따르면 2030년까지 8억 개 정도의 인간 일자리를 AI가 대체할 것으로 보인다. 결국 AI의 발달에 따라 인간의 일자리는 줄어들 것이 분명하다. 이에 따라 많은 사람들이 걱정하고 있다. 이는 AI 시대의 도래가 인간에게 달갑지 않은 이유이기도 하다.

분명 AI 시대는 인간 대신 AI가 일하는 상황으로 급속히 진전될 수밖에 없다. AI 중에서도 AI 인간 로봇은 인간의 형상을 하고, 인간보다 훨씬 지능이 뛰어나며, 휴식 등이 필요하지 않아서 밤새도록 일할 수 있을 것이다. 그로 인해 생산성은 인간의 몇 배에 달하는 수준일 것이다.

장차 미래 인간의 부(富)는 어떤 인간이 휴머노이드 AI 로봇을 얼마나 소유하고 있느냐가 중요한 척도가 될 수 있다. 똑똑하고 일 잘하는 휴머노이드 AI 로봇을 많이 소유하면 부를 거머쥘 것이다. 휴머노이드 AI 로봇이 우리 인간을 대신해 모든 일을 해서 부가가치를 창출하면, 그 소유자인 인간에게 부가 귀속되기 때문이다. 물론 더 먼 미래에는 그 부가 AI 자체에게 귀속될 수도 있다.

좋게 보면 휴머노이드 AI 로봇 등이 밤새도록 열심히 일해서 많은 소득을 창출하고 세금을 내면, 그 세금으로 모든 국민이 행복하게 살 수 있는 날도 올 것이다. 요리, 청소, 돌봄, 교육 등의 일상적인 일은 똑똑한 휴머노이드 AI 로봇이 맡아서 하고, 우리 인간은 일상적인 일에서 해방될 수도 있다.

AI 시대에는 기존에 인간이 하던 일상적인 일자리가 AI로 대체될 것이다. 대신 인간은 AI를 활용해 창의적인 일을 하는 크리에이터로서 역할을 할 것이다. 물론 AI와 관련해 통제하고 관리하는 업무도 인간이 해야 할 중요한 일 중 하나가 될 것이다.

예를 들어 이케아(IKEA)라는 기업은 고객 서비스로 챗봇(Chatbot)을 도입하면서 기존의 고객 서비스 담당 직원 8500명을 재교육해 인테리어 디자인 조언 등의 업무를 담당하게 했다고 한다. 또한 IT 컨설팅 기업인 알로리카(Alorica)의 경우 영업사원들이 200개 언어로 소통할 수 있도록 돕는 새로운 AI 번역 도구를 출시한 뒤부터 훨씬 더 적극적으로 채용되고 있다고 한다.

미국 정부는 각종 연구를 통해 AI가 전체 고용에 부정적 영향을 미친다는 증거는 별로 없다고 했다. 역사적으로도 과거의 과학기술 혁신은 일부 일자리를 없앴지만, 다시 새로운 일자리를 더 만들어냈음을 알 수 있다. 단적인 예로 MIT 연구에 따르면, 2018년 현존하는 일자리의 60%는 과거 1940년에는 존재하지 않던 일자리로 파악됐다.

AI 시대가 진전될수록 그 진전에 맞는 새로운 일자리도 무수히 생겨날 것이다. 그중 주목되는 것은 인간만이 가진 창의성과 역량을 발휘하는 일자리일 것이다. 전통적인 일자리에 집착하지 말고, 새로운 일자리를 계속 발굴하는 데도 눈을 돌려보자.

AI는 부지런히 일하고, 인간은 행복하게

AI 시대를 맞이해 인간은 일상적인 일로부터 해방될 것이다. 가정생활과 관련해 주부가 주로 담당하던 요리, 설거지, 청소 등의 가사 노동을 휴머노이드 AI 로봇이 대신할 것이다. 휴머노이드 AI 로봇은 데이터 입력과 자기 학습으로 이러한 일을 아주 잘 해낼 것이다.

기업에서도 일상적인 일은 휴머노이드 AI 로봇이 대신 처리할 것이다. 일반 행정 업무, 회계, 보고서 작성, 시장 분석, 시장 전망 등 많은 일을 휴머노이드 AI 로봇이 수행하게 된다. 농업의 경우도 휴머노이드 AI 로봇이 24시간 쉼 없이 농사일을 하게 된다.

이제 인간은 육체노동을 하지 않아도 된다. 대학에도 혁혁한 변화가 생길 것이다. 휴머노이드 AI 로봇이 강의도 하고 연구도 수행한다. 그 수준도 매우 높을 것이다. 학생들이 아주 쉽게 이해할 수 있도록 강의할 것이며, 연구 주제도 잘 찾고, 찾아낸 주제에 대해 밤새도록 연구할 것이며, 그 성과도 매우 좋을 것이다.

AI 시대에 인간의 역할은 무엇인가. 한마디로 답하긴 어렵지만, AI 시대에 인간은 행복하게 살면 된다. 인간은 하고 싶은 취미 생활도 하고, 음악도 듣고, 운동도 하고, 잠도 충분히 자고, 맛있는 음식을 먹으며 행복하게 살면 된다.

다만 창의력, 미래에 대한 예지력 등은 필요하다. 휴머노이드 AI 로봇이 고장 나면 수리 등은 인간이 맡아야 할지 모른다. 그런데 미래에는 AI가 인간보다 더 훌륭한 창의성을 가질지도 모른다. 물론 지금도 AI의 창의성 능력에 대해서는 부정하는 기류가 여전히 강하다. 하지만 생성형 AI를 넘어 인공일반지능(AGI, 인간 수준의 인공지능)으로 넘어가는 순간, 인간만의 창의성은 붕괴할 수 있다. 게다가 AI 수리까지 AI 자신이 직접 할 수도 있다. 그러한 시대가 오면, 우리 인간은 전에 맛보지 못한 새로운 차원의 행복을 위해 살게 될지 모른다.

AI가 매우 발달해 전지전능한 AI가 생겨나면 인간의 행복이 계속 담보될 수 있을지, 확신할 수 없다는 주장을 펴는 AI

전문가들이 여럿 있다. 스튜어트 러셀(Stuart Russell), 제프리 힌턴 등이 바로 그들이다.

에르우 리우는 AGI 시대가 되면, AGI가 인간의 지능을 능가하고 인간의 입력이나 동의 없이 결정을 내리는 등 통제할 수 없는 존재가 될 것으로 예상한다. 이렇게 되면 오히려 AI가 인간을 지배하는 형국이 될 것이다. 이는 인간 불행의 시작일 수도 있다.

우리는 결국 AI를 인간에게 좋은 방향으로 잘 활용되도록 관리, 통제해야 한다. AI에 대한 선제적인 통제 체제 구축이 인간의 행복을 위한 필수적인 요구 사항이다.

AI 시대의 목표는 궁극적으로 휴머노이드 AI 로봇이 인간이 그동안 해왔던 일을 대신하고, 인간은 휴머노이드 AI 로봇이 벌어들인 소득으로 행복하게 사는 것이다. 이것이 미래의 인간 모습이 되도록 해야 한다. 그렇지 않고 AI를 잘 통제하지 못해 AI에 의해 인간이 지배된다면 어떻게 될까? 이를 예상해 사전 대비책도 반드시 갖춰야 한다.

AI 시대! 휴머노이드 AI 로봇은 부지런히 일하고, 인간은 행복하게 살자.

AI 시대, 기본소득으로 행복한 소비를

우리 사회에서 한때 기본소득이 논란된 적이 있고, 지금도 여전히 같은 논의가 진행 중이다. 한마디로 기본소득제도를 과감히 도입하자는 것이다. 기본소득은 토머스 모어의 《유토피아》에 처음 등장한 개념으로, 국가나 지방자치단체가 국민의 재산, 소득, 노동 여부 등과 관계없이 모든 국민에게 정기적으로 지급하는 일정한 소득을 의미한다.

지구상에 이러한 기본소득 개념에 딱 맞는 제도를 시행하는 나라는 '아직' 없다. 국가가 기본소득제도를 시행할 정도로 능력이 되지 않고 국민마다 소득이 다르기 때문에 일률적으로 기본소득제도를 도입하는 데 대한 실효성, 형평성 등의 논란이 많은 탓이다.

AI 시대가 더욱 진전되면 어떻게 될까. 앞서 살펴본 바와 같이 인간보다 우수한 능력을 갖춘 휴머노이드 AI 로봇이 보편화되어 우리가 줄곧 하던 일을 대신한다면, 그때는 인간에 대한 기본소득제도를 과감히 도입해야 할 것이다. 이런 급변한 시대에는 휴머노이드 AI 로봇이 인간 대신 모든 일을 할 수 있기 때문이다.

물론 소득도 휴머노이드 AI 로봇을 가진 몇 사람에게만 귀속되고, 대부분의 사람은 일자리가 없으니 그에 따라 소득도 없어지게 된다. 구성원 중 다수가 이처럼 소득 없는 삶을 살지 않으면 안 된다. 바로 이때 국가는 휴머노이드 AI 로봇이 일해서 벌어들인 소득에서 세금을 징수해 일자리가 없는 국민에게 기본소득을 지급하면 된다.

인간은 대부분 일하지 않고 휴머노이드 AI 로봇이 일해서 번 돈에서 거두어들인 세금으로 국가에서 매월 일정한 기본소득을 받아 원하는 소비 등을 하면서 행복하게 살면 된다. 휴머노이드 AI 로봇이 돈을 많이 벌어 세금을 많이 낼수록 인간에게 지급하는 기본소득 금액도 올라간다. 인간이 휴머노이드 AI 로봇을 잘 학습시켜 똑똑하게 만들면 만들수록 로봇은 더 많은 소득을 올리게 되고, 그러면 인간은 더 많은 기본소득을 받게 될 것이고, 따라서 인간은 더 많은 소비를 하게 된다. 게다가 일하는 시간도 축소되어 인간은 자신이 원하는 일을 하면서 인생을 행복하게 살게 될 것이다.

이렇게 되면 우리에겐 전에 누리지 못한 유토피아 세상이 구현될 것이다. 물론 행복은 사람마다 다를 수 있겠지만, 기본소득을 많이 받고 그 기본소득으로 행복한 삶을 사는 세상이 이루어진다는 얘기다. 인간은 근로에서 해방되고, 일하지 않아도 풍족한 기본소득을 받아서 자신이 하고 싶은 일을 하게 될 테니, 그것이 우리가 꿈꾸던 유토피아 세상이 아닐까?

기본소득으로 생활하고 특별한 노동을 하지 않아도 되는 세상은 우리에게 과연 선일까, 악일까? 이는 '아직' 장담할 수 없다. 그렇지만 적어도 이런 세상이라면 인간 복지가 최고로 이루어지는, 《성경》에 나오는 지상낙원에 부합하는 것이지 않을까.

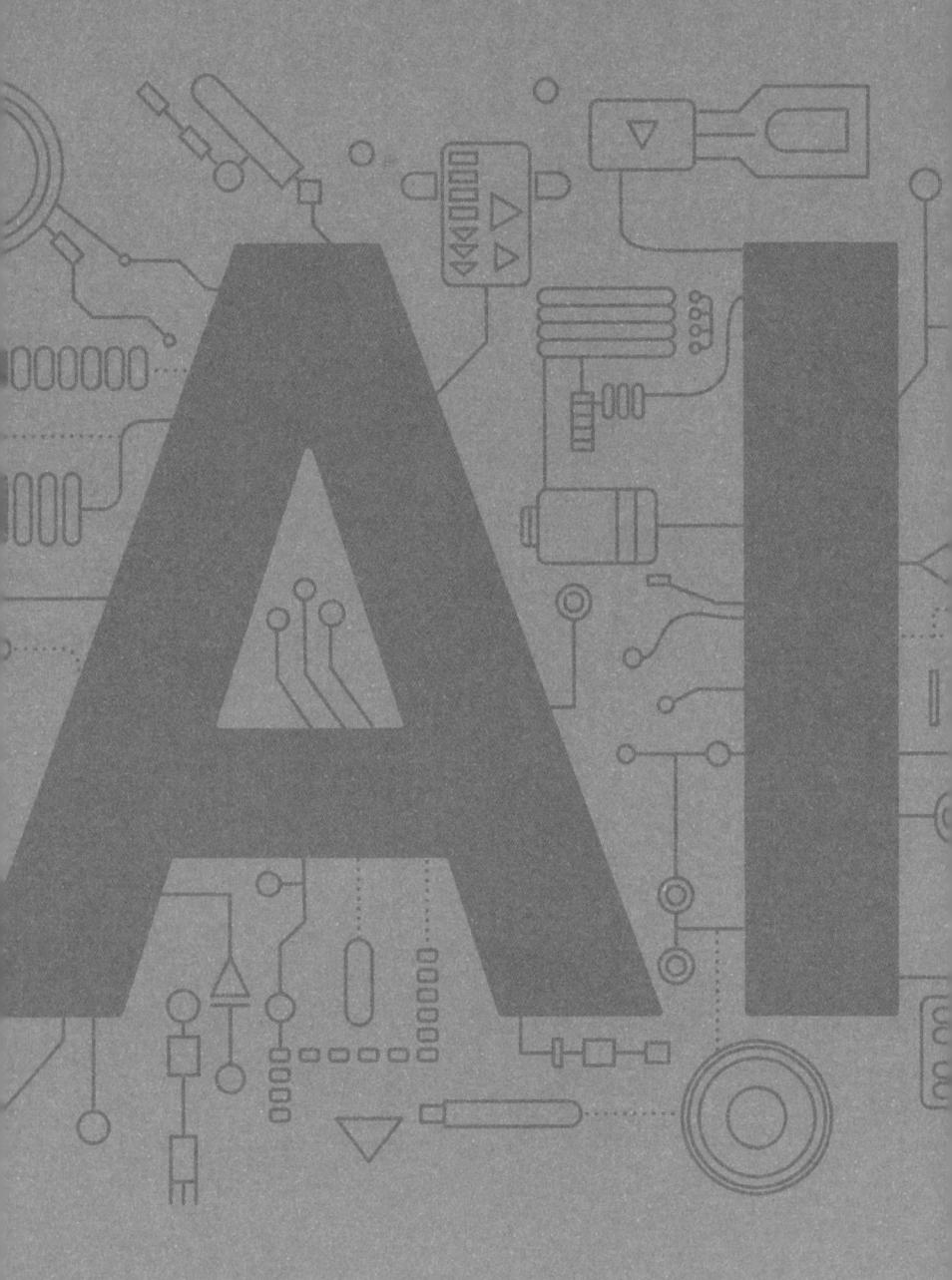

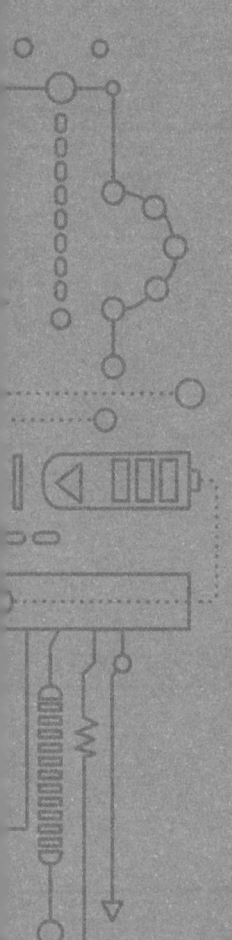
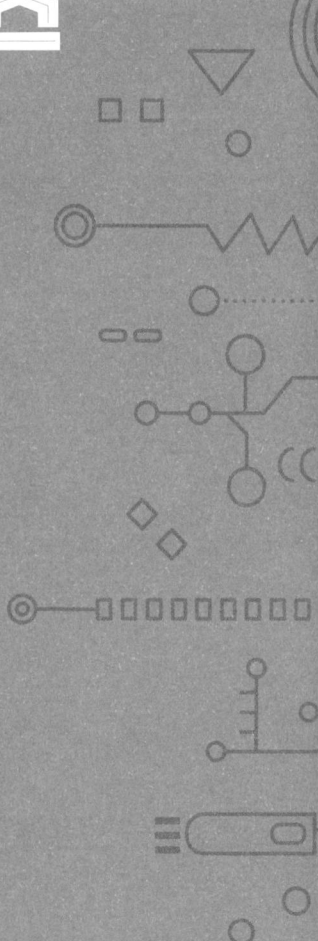

AI 시대와 거버넌스

인간과 AI의 공존은 거버넌스에서 시작한다

UN 차원의 글로벌 AI 관리 체제

인간과 AI의 공존은 거버넌스에서 시작한다

AI 시대에는 AI가 인간이 예측하는 것보다 훨씬 더 빠른 속도로 진화할 것이다. 그리고 AI 시대가 우리 인류에게 미칠 영향이 좋은 방향일지, 나쁜 방향일지, 우리가 예측하는 것보다 엄청나게 클 것이다. 물론 인간은 AI가 인간에게 가능하면 좋은 영향만 줄 수 있도록 해야 한다. 그렇게 되면 우리 인간은 걱정할 일이 없다.

그런데 앞으로의 문제는 인간이 AI가 인간에게 미칠 부정적인 영향을 얼마나 잘 관리하고 통제하느냐에 달려 있다. AI가 가져올 나쁜, 부정적인 영향에 대해 UN 등을 중심으로 한 국제적인 논의는 아직 본격적으로 이루어지지 않고 있다. 따라서 인간이 AI와 관련해서 가장 먼저 해야 할 것은 AI에 대한 거버넌스(Governance)의 확립이다. 이를 통해 AI 시대에 우리 인간과 AI의 공존이 가능하게 될 것이다.

우리나라 역시 앞으로 닥칠 AI 시대의 미래를 예측해야 한다. 그리고 AI 시대가 인간에게 가져올 나쁜 영향을 최소화하면서, AI가 인간에게 가장 좋은 방향에서 활용되도록 관리, 통제하는 데 앞장서야 한다. 우리나라는 IT 인프라, 제조업, 반도체 등 AI 시대의 기초가 되는 제도적인 기반이 상대적으로 잘 갖추어진 나라다. AI 관련 UN 기구를 유치할 여건도 전 세계적으로 가장 잘 준비된 국가다. 그렇기 때문에 AI 관련 UN 기구를 우리나라에 유치해 AI 시대를 한국이 주도해 나가야 한다. AI 시대는 우리나라에겐 새로운 성장의 돌파구요, 우리나라가 나아가야 할 희망의 길이다. 그럴 뿐만 아니라 우리나라 경제의 활로는 다름 아닌 바로 이 AI에 답이 있다. AI 시대 거버넌스의 확립에 대한민국이 앞장서자!

2024년 10월 30일, 유엔총회의장협의회(UNCPGA UN Council of the Presidents of General Assembly)가 서울에서 열렸다. 이 협의회에서 AI가 역사상 처음으로 논의됐다. UNCPGA가 AI를 어젠다로 채택한 데는 계기가 있다. 이 협의회의 현재 의장이자 2000년 초 UN 총회 의장이었던 한승수 전 국무총리가 AI 논의를 안건으로 채택했기 때문이다.

이 협의회에서 UN 밀레니엄 프로젝트의 제롬 글렌(Jerome Glenn) 박사가 'AI를 규율하는 UN 국제기구 설치 필요성에 대한 제안'을 했고, 뒤이어 이에 대한 논의가 이루어졌다. 중요한 것은 AI 시대의 급속한 진전에 맞추어 UN 차원에서 AI에 대한 제도, 설계, 관리, 규율 등을 위한 가이드라인의 필요성을 확인한 점이다.

물론 이러한 UN 가이드라인에 따라 국가별 세부적인 가이드라인 마련도 이루어져야 한다는 것도 논의됐다. UNCPGA 차원에서 향후 AI 전문가 협의회를 구성해 세부 추진방안을 마련하고, 이를 UNCPGA에 보고하면 UNCPGA 검토를 거쳐, UN 사무총장에게 권고하기로 결정했다.

이제 우리나라는 이러한 국제적인 AI 질서 마련에 UN과 선도적인 논의를 거쳐 IT 선진국으로서의 큰 역할을 수행해야 할 때다. 첫 발걸음을 우리나라가 주도했다. UN 차원의 글로벌 AI 거버넌스 확립에 우리나라가 큰 역할을 했다는 역사적 논의를 잊어선 안 된다. 이러한 여세를 몰아 이제부터 우리나라에 AI 관련 국제기구를 유치하고, AI 시대 글로벌 거버넌스의 확립에 우리나라가 큰 역할을 담당해야 한다.

UN 차원의 글로벌 AI 관리 체제

AI 시대에는 UN 차원에서 글로벌적으로 AI 관리 체계가 마련되어야 한다. 이는 전 세계적으로 AI와 인간의 공존, 번영을 가능하게 할 것이다.

AI 시대 초기부터 AI가 체계적으로 관리되지 않으면, 나중에는 AI에 대한 관리나 통제가 불능 상태에 빠질 수 있다. 그렇게 되면 나쁜 AI에 의한 살인 등의 각종 사건 사고가 발생해도 이를 추적, 관리할 수 없다. 따라서 세계는 AI의 출생, 활동, 사망 등 전 단계에 걸쳐 체계적인 관리를 해야 한다.

이제 AI의 제조(출생), 생존, 지식재산권, 소득, 세금 등 AI를 둘러싸고 발생할 수 있는 주요 이슈에 대해 살펴보자.

AI의 제조(출생) 단계부터

우리는 AI가 장차 인간에게 재앙이 되지 않도록 해야 한다. 이를 위해서 인간을 파멸할 가능성이 큰 나쁜 AI의 출생(제조)을 사전에 막을 국제적 기준, 즉 가이드라인 등을 미리 만들어야 한다. 그리고 모든 국가, 모든 인간이 이를 준수하도록 강제해야 한다. 그렇지 않으면 인간에게 해가 되는 나쁜 AI의 탄생을 막을 수가 없다.

따라서 UN을 중심으로 글로벌 차원에서 나쁜 AI의 탄생

박영숙 유엔미래포럼 대표와 함께. 2024 세계AI벤처기업인포럼

을 사전에 막는 AI 시대 가이드라인을 마련해야 한다. 예를 들어 AI의 제조 단계에서 나쁜 AI의 출생을 근원적으로 방지하는 독립된 기관의 감수제도 도입 등이 그 한 방안일 수 있다. 또한 가능하면 인간에게 좋은 AI만 제조되어 출생하도록 관리해야 한다. 그렇지 않으면 나쁜 AI의 제조가 부지불식간에 늘어나서 그만큼 인간의 파멸 가능성도 높아질 수 있다. 그냥 수수방관하면 인간의 본성상 선한 AI보다는 나쁜 AI를 탄생시켜 교묘하게 자신들의 개인 이익을 위해 나쁜 짓에 AI를 악용할 가능성이 매우 크다. 비유컨대 미꾸라지 한 마리가 공동의 연못을 망가뜨리는 것을 경계해야 한다.

AI의 등록 관리

출생한(제조된) 모든 AI는 해당 국가에 반드시 필요 사항을 등록하게끔 해야 한다. 이를 위해 탄생한 AI의 등록에 대한 UN 차원의 가이드라인을 만들어야 하고, 그에 따라 각국마다 세부 가이드라인을 만들어서 시행토록 해야 한다.

우선 움직이는 모든 AI에게 인간처럼 법적 아이디(Legal ID)를 부여해 관리해야 한다. 즉 AI에게도 법인격, 즉 주민등록번호를 부여해야 한다. 이런 절차를 밟으면 누가 제작하고, 어디서, 어떻게 활용되는지, 움직이는 AI에 대한 식별(Identification)이 가능하다.

앞서 살펴본 바와 같이 휴머노이드 AI 로봇, AI 자동차, AI 드론 등 움직이는 AI는 그 형태가 어떠하든 우선적으로 등록하도록 해야 한다. 왜냐하면 움직이는 AI는 인간 세상을 무분별하게 돌아다닐 수 있어서 움직이는 AI가 잘못 악용되면 우리에게 큰 해악을 끼칠 수 있기 때문이다.

국가 차원에서 움직이는 AI를 등록할 때는 i) AI의 소유자가 누구인지, ii) AI의 소재 지역은 어디인지, iii) AI의 주된 활동 내용은 무엇인지, iv) 계속 생존 여부 등을 사전에 등록, 관리하도록 해야 한다. 이렇게 움직이는 AI를 빠짐없이 등록해 둬야 AI가 살인, 도둑 등 나쁜 짓을 했을 때 효율적으로 추적할 수 있다. 또한 그렇게 하면, 어느 한 국가 내에 움직이는 AI가 얼마나 많은 활동을 하고 있는지도 사전에 파악하고 관리할 수 있다.

정리하자면, AI 등록 관리를 실시하면 어느 한 국가에 존재하는 움직이는 AI의 총수를 정확히 파악할 수 있을 뿐 아니라, AI의 소유 관계, AI의 활용 내용 등에 대한 체계적 관리 및 통제가 선제적으로 가능할 수 있다. 앞으로는 움직이는 AI가 상상 이상으로 똑똑해질 것이기 때문에 이러한 AI의 등록 정보를 국가가 반드시 관리해야 할 것이다.

따라서 우리나라가 UN 산하 AI 본부를 유치한다면, 앞으로 AI의 출생 단계 관리는 물론이고 AI를 등록하는 업무도 우리나라가 모두 관장할 수 있게 될 것이다. 블록체인을 기반으로 AI를 식별하고 AI를 등록하는 회사를 만들어 등록비를 받는 등 모든 관리를 하게 된다면, AI 시대를 우리나라가 선도적으로 주도할 수 있을 것이다.

AI의 소유권 이전 관리

앞으로는 자신이 소유한 AI를 사고파는 소유권 이전도 활발히 이루어질 것이다. 물론 AI 소유권 이전도 AI를 등록해야 누가 누구에게 소유권을 이전했고, AI의 소재지는 어디서 어디로 변경됐으며, AI가 그곳에서 어떤 활동을 하고 있는지, AI가 계속 생존하고 있는지 등에 대한 각종 관리가 가능하다.

사람들의 주민등록 이전처럼 AI의 소유자, 소재지, 활용 상황 등의 변동이 있으면 국가에 신고토록 해야 AI에 대한 추적 관리도 가능한 것이다. 이렇게 하지 않으면 AI의 변동 상황에 대한 국가의 관리가 불가능하다. 이렇게 AI의 판매, 이전 등이 이루어진다면, 앞으로 다가올 미래는 똑똑한 AI를 많이 소유한 자가 진짜 부자인 시대가 될 것이다.

AI가 생산하는 제품/서비스의 저작권 인정

앞으로는 AI가 생산하는 엄청난 새로운 창작물도 생겨날 것이다. 이는 분명 인간의 창작물과는 다른 법적 보호 대상일 것이다. AI를 등록해 법적 아이디(Legal ID)가 부여되면, AI가 생산한 창작물에 대한 지적재산권을 인정할 수 있는 기반도 마련될 것이다. 이에 따라 AI가 생산한 창작물의 지적재산권에 대한 권리 보호도 쉽게 할 수 있다. 최근 과학기술정보통신부에 AI가 생산한 창작물에 대한 지적재산권을 보호하기 위한 사단법인이 등록됐다. IACAI(International Agency for Copyright of AI)가 바로 그것이다.

앞으로 우리나라는 다른 나라들도 동참시켜 AI가 생산한 자국의 창작물에 대한 지적재산권 문제를 다루는 국제기구의 역할도 도맡을 수 있도록 선도해 나가야 할 것이다.

AI의 소득 인정과 과세

AI가 생산한 창작물에 대한 지적재산권 등의 권리가 인정되면, 이를 통한 소득도 발생할 것이다. 물론 그 소득이 당장은 AI의 소유주에게 귀속되어 과세될 것이다. 그러나 앞으로 AI가 생산한 지적재산권이 인정되고, 이를 활용한 비즈니스 활동과 거래가 뒤따른다면 AI 자체에 대한 수익, 즉 소득의 귀속까지 가능해질 것이다. 이렇게 되면 AI가 창출한 수익에도 소득세를 부과할 수 있다.

그뿐 아니라 AI가 일하고, AI가 돈을 벌고, AI가 세금을 내는, 우리가 꿈꾸던 세상도 도래할 것이다. 이와 결부해 우리 인간은 AI가 낸 세금으로 행복하게 살 수 있는 날이 실현될 것이다. 물론 인간은 국가로부터 AI가 낸 세금을 기본소득으로 받아 행복한 삶을 누릴 것이다.

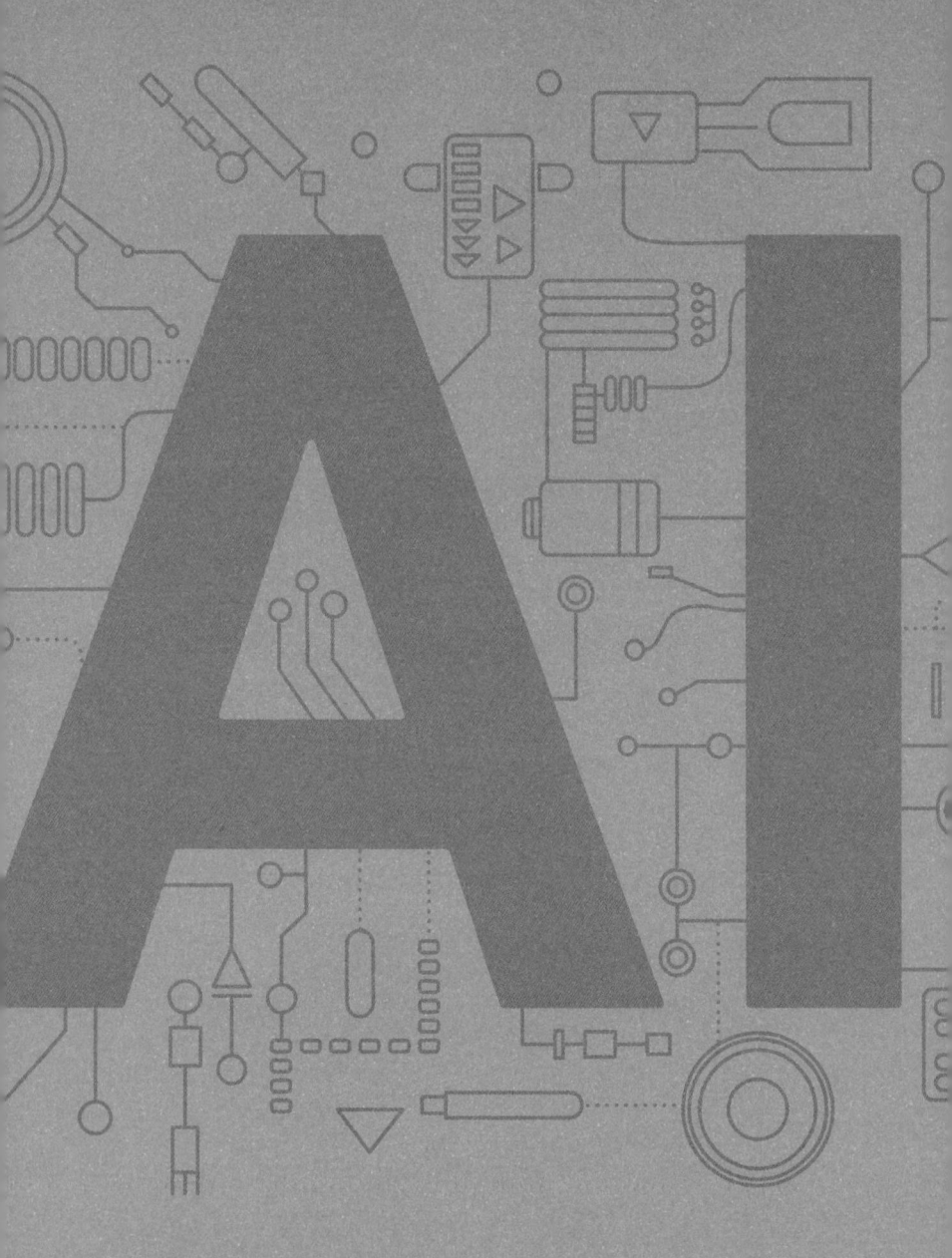

AI 시대와 AI 대한민국

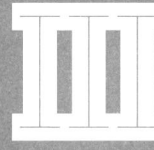

거대언어모델, 대한민국의 특화 개발로

중국 딥시크의 충격

대한민국, 물리적 AI에 총력을

로봇에 AI의 옷을 입히자

청년 AI 전사 100만 명 양성

탄화규소 전력 반도체를 개발하자

개인 AI 데이터 박스의 출현

AI와 AI가 소통하는 시대

인간과 AI의 소통 도구, 링

거대언어모델,
대한민국의 특화 개발로

AI 시대에는 대규모 디지털 데이터(Big Digital Data)가 매우 중요하다. 현재 미국의 빅테크 기업이 축적한 디지털 데이터는 아마도 인류 역사상 지금까지 보유한 디지털 자료로서는 가장 최대 규모일 것이다. 이러한 방대한 양의 디지털 데이터는 세계 어느 나라도 구축하기 힘들 것이다. 그뿐 아니라 이렇게 엄청난 규모의 디지털 데이터를 보관하는 창고인 '데이터 센터(Data Center)' 역시 유사 이래 처음 있는 일일 만큼 대규모다.

그런데 참으로 다행인 것은 미국의 빅테크 기업이 엄청난 돈을 들여서 대규모의 빅 데이터를 저장하고 이를 활용한 거대언어모델(LLM: Large Language Model)을 만들어내는 데 그치지 않고, 전 세계에 이를 공개했다는 사실이다. 누구든 LLM을 활용해 부가가치 창출 활동을 할 수 있는 것도 이런 개방성 때문이다. 이런 면에서 인류 역사에서 미국 빅테크 기업들의 업적은 실로 대단하다.

LLM은 수많은 파라미터를 보유한 인공신경망으로 구성되는 언어 모델이다. 자기 지도 학습이나 반(半)자기 지도 학습을 사용해 레이블(Label) 되지 않은 상당한 양의 텍스트로 훈련된다. LLM이 세상에 공개된 것은 2018년경이다. 이전의 특정한 작업의 지도 학습 모델의 훈련 패러다임에서 벗어난 이 모델은 자연어 처리 연구로 이루어졌다.

LLM의 등장으로 인해 AI 챗봇 기술의 적용이 가능해졌을 뿐 아니라, 이를 통해 각종 생성형 AI가 인간 사회를 급속하게 변화시키는 계기가 됐다. 현재 챗지피티, 제미나이(Gemini), 퍼플렉시티, 앤스로픽 등이 대표적인 생성형 AI다.

기본적으로 LLM은 이를 사용하는 사람이 필요한 기초 정보를 AI에게 입력하면 이를 바탕으로 AI가 대답을 해주는 방식이다. 물론 개인이 따로 정보를 입력하지 않고도 원하는 대답을 얻을 수 있지만, 이런 경우에는 해당 질문에 대한 맞춤형 대답은 불충분할 수밖에 없다.

이처럼 LLM에 의한 방식은 개인 정보를 충실히 제공해야 그에 맞는 대답도 맞춤형으로 충실해질 수 있는 반면, 많은 정보를 제공하면 오히려 개인 정보가 누출되는 문제점도 있다. 따라서 중요한 개인 정보나 회사 정보라면 LLM에 제공하기 어렵다는 한계도 있다. 따라서 LLM의 확장성 면에서는 개인 정보 보호 또는 기업 정보 보호와 충돌할 우려가 있어 이를 어떻게 극복하느냐가 주된 관건이다.

우리나라에서도 AI 주권 차원에서 자체 LLM 개발을 시급히 추진해야 한다는 주장이 있다. 물론 우리도 독자적으로 LLM을 개발할 수 있다면 얼마나 좋을까. 그런데 우리나라는 한국어로 된 데이터가 대부분이고, 그 양(量)도 영어 등으로 생산되는 글로벌 데이터에 비해 현격히 적을 수밖에 없다. 따라서 일반적인 LLM을 개발한다고 하더라도 이는 미국의 빅테크 기업들이 개발한 LLM에 비해 사용자 수나 정보의 양, 정보의 질 등에서 전혀 경쟁 상대가 될 수 없다.

그럼에도 우리나라가 자체 LLM을 개발한다면, 어떻게 해야 할까. 그 방향은 우리나라에만 존재하고 세계 어느 나라에도 없는 데이터를 활용하면서, 그 특수성이 있어서 세계의 수많은 사람이 활용할 수밖에 없는 경우에는 개발을 추진해도 좋을 것이다. 이외에도 군사, 안보적 특수성 등으로 인해 외국의 일반 LLM을 사용할 때 우리나라의 민감한 정보가 유출될 우려가 있는 경우에도 특화 개발의 필요성이 제기될 수 있다.

한편 다음에서 설명할 중국의 딥시크에서 공개한 소스 등을 활용해 우리나라에 특화된 AI 개발 추진도 생각해볼 수 있다.

결론적으로 외국의 빅테크 기업들이 개발해놓은 일반 LLM과 경쟁하지 않는 특수한 경우에 한정해 AI 개발을 추진하는 것은 AI 주권(Sovereign) 차원에서도 적극적으로 고려해볼 필요가 있다.

중국 딥시크의 충격

2025년 1월 중국이 딥시크(Deepseek)를 전격적으로 발표했다. 딥시크는 중국의 헤지펀드인 하이 플라이어(High Flyer)의 대규모 자금 지원을 받아 량원펑이라는 중국인이 자체 개발한 것이다.

 2025년 1월 21일 공개된 딥시크 R1은 기존의 LLM에 비해 개발 비용이 훨씬 적게 들어갔음에도 추론 등에서는 훨씬 양호하다는 평가를 받아서 세상을 깜짝 놀라게 했다. 과거 세계 최초로 소련이 쏘아올린 인공위성 스푸트니크로 인해 미국이 받은 스푸트니크 쇼크에 비견한다는 견해도 있다.

 딥시크는 ① 개발 비용이 미국의 LLM에 비해 훨씬 적게 들어갔다는 점, ② 개발 이후 운영비도 적게 들어간다는 점, ③

추론에서는 기존 LLM보다 훨씬 고성능이라는 점, ④ 소스(Source)를 완전히 공개했다는 점 등에서 높은 평가를 받았다.

앞으로 세계의 어느 누구라도 이 딥시크 오픈 소스를 바탕으로, 딥시크보다 더 발전된 새로운 AI를 개발할 수 있다는 면에서 우리에게 큰 희망을 주고 있다.

유럽은 미국 중심의 LLM에 대해 그동안 경계를 강화하면서 각종 규제 장치를 만들었다가 딥시크 발표 이후 파리 AI 회의를 통해 적극적으로 발전 방향을 모색하고 있다. 중동 역시 AI 주권 차원에서 AI 개발에 적극적으로 나서고 있다. 다만 이들은 자체 개발보다는 미국의 기업에 하도급을 주는 방식으로서 AI 개발을 서두르고 있다.

딥시크는 오픈 AI보다 한층 더 완전하게 소스를 공개했다. 따라서 이후 이 오픈 소스를 활용해 전 세계적인 AI 개발 붐이 일어날 가능성이 있다. 이러한 변화는 미국 AI 기업들과의 경쟁 압력을 한층 높이고, 미국 기업의 독과점을 막아냈다는 점에서 그 의미가 적지 않다.

우리나라도 중국처럼 미국의 빅테크 기업들이 개발해놓은 LLM을 증류(Distillation)해 파워풀한 AI를 개발해야 한다. 다행스럽게도 딥시크는 소스 코드를 전면적으로 공개했다. 우리나라도 딥시크가 공개한 소스를 연구해서 중국의 딥시크를 능가하는 AI를 만들어내야 할 때다.

이를 성공하려면 무엇보다 강화학습을 위한 전문 인재의 육성과 AI가 학습 자료를 인간이 점검하는 방식(Human Feedback) 대신 AI가 체크하도록 하는 AI 점검(AI Feedback) 방식 등을 통한 대한민국형 AI를 자체적으로 개발해야 한다.

청년에 대한 AI 전문 교육을 강화해서 그들을 AI 전사로 키워야 한다. AI 강화학습에 필요한 기초 지식인 '코딩의 원리, 프롬프트 엔지니어링, 알고리즘 등'에 대한 교육을 서둘러 이수하게 해야 한다. 우리나라 청년은 의무적으로 군 복무를 해야 한다. 이러한 군 복무 기간에 AI 전문 교육을 대폭 강화한다면 어떨까. 군에 입대한 청년을 AI 전사화한다면 이는 매우 좋은 기회가 될 것이다. 제대 후 이들이 사회에 복귀해 AI 전문 지식을 활용한 'AI 대한민국 건설'의 역군이 되도록 도와주면 된다. 물론 일반 사회생활을 하는 청년도 AI 전사로 키울 수 있는 국가적 차원의 정책을 대대적으로 추진해야 한다.

대한민국, 물리적 AI에 총력을

중국의 딥시크로 인해 전 세계가 놀랐다. 그런데 이제 우리나라가 세계를 감동시켜야 한다. 그것은 무엇일까. 우리나라는 AI 시대를 맞이해 그 대응이 아주 많이 늦었다. 지금 객관적인 수치로 보면, AI 선진국인 미국이나 중국에 비해 너무나도 많이 뒤처졌다. 그런데 우리나라는 AI에 필요한 IT, 제조 인프라, 반도체 등 기반은 가장 잘 구축된 나라다.

이제 우리는 구체적으로 어떻게 해야 할까. 그 답은 물리적인(Physical) AI에서 우리나라가 세계 1등 국가가 되는 것이다. 먼저 LLM에서 강화학습을 통해 순도가 높은 데이터를 축출한다. 다음으로 로봇, 자동차 등 현실의 기계, 장치 등에 AI를 장착하고 축출한 순도가 높은 데이터를 학습시킨다. 마지막으로 로봇, 자동차 등 기계, 장치를 LLM 등 AI와 연결해 자기 학습을 지속적으로 하게 한다.

그러면 이러한 AI가 장착된 기계나 장치가 세상에 없는 세계 최고의 1등 제품이나 서비스를 제공하게 되어, 우리나라는 물리적 AI 분야에서 세계 1등 국가가 될 수 있다.

강화학습은 AI 시대에 매우 중요하다. 우리나라의 청년을 강화학습의 최고 전문가로 육성함으로써 다가오는 AI 시대의 최전선에서 일하도록 해야 한다.

우리나라는 전 세계가 부러워하는 제조업 강국이다. 제조업을 잘하기 위한 철강, 부품, 소재 등의 각종 생태계도 잘 정비되어 있다. 따라서 물리적 AI 시대에 성공할 요인을 우리는 잘 구비하고 있는 셈이다. 우리나라는 로봇, 자동차, 냉장고, TV, CCTV 등 많은 제품을 생산하고 있다. 그 품질도 현재 세계 최고지만, 여기에 온 디바이스(On Device) AI를 장착하면 세계 어느 국가도 우리나라를 따라올 수 없다.

먼저 LLM에서 강화학습, 증류(Distillation) 등을 통해 특정한 분야의 핵심 데이터를 축출한다. 여기에는 데이터 사이언스(Data Science) 전문가, 프롬프트 엔지니어링(Prompt Engineering) 전문가, 강화학습 교육을 받은 청년 AI 전사 등이 모두 참여한다. 쉽게 말해 특정한 분야의 핵심 데이터를 뽑아

내어 순도를 100%로 높인다고 보면 된다.

다음으로 이 데이터를 특정한 기계나 장치(로봇 등)에 학습시킨다. 물론 이 기계나 장치에는 AI가 장착되어 있다. 그렇게 되면, 기본적으로 이 기계나 장치는 자기 학습 등을 통해 지능을 갖추게 된다.

셋째, 이 기계나 장치에 LLM 등을 연결하면, 이 기계나 장치가 자기 주도 학습을 통해 지식을 계속 업데이트하면서 지속적으로 똑똑한 AI 기계, AI 장치가 재탄생하게 된다.

이러한 물리적 AI 분야에서 우리나라가 세계 1등이 되면, 중국의 딥시크를 뛰어넘는 인류 역사상 최고의 혁명이 될 것이다. 우리나라는 할 수 있다. 물리적 AI에서 세계 1등이 될 수 있을 정도로 학구열도 갖춘 나라다. 이런 장점을 충분히 살려 AI 시대를 맞아 현실 생활과 연계하는 각종 기계나 장치를 통해 우리나라가 전 세계인과 함께 행복하게 살 수 있도록 해야 한다.

로봇에 AI의 옷을 입히자

AI 시대에 기계, 장치 가운데 우리 인간을 완전히 대체 가능한 것은 로봇 분야일 가능성이 가장 크다. 혹자는 인류 문명의 혁명이 역사적으로 불/철기혁명에서 농업혁명, 산업혁명, IT혁명을 거쳐 스마트폰혁명기로 진화되어왔다면, 그다음 최고의 혁명은 '휴머노이드 AI 로봇'이 될 것으로 예상한다.

특히 인간의 외양을 한 휴머노이드 로봇(Humanoid Robot), 여기에 지능까지 AI로 무장된다면, 인간보다 훨씬 우수하고 영특한 휴머노이드 AI 로봇이 탄생하게 된다. 휴머노이드 AI 로봇은 인간과 같은 형상을 하고 인간처럼 행동한다. 하지만 인간보다 훨씬 똑똑하고, 강인하며, 수명도 훨씬 길 것이고, 각종 병에도 걸리지 않을 것이다. 물론 잠을 자지 않아도 활동할

한국에서 개발 중인 AI 로봇

2024 세계AI벤처기업인포럼에서 만난 AI 로봇

수 있다.

우리나라 인구는 5000만 명인데, 똑똑한 휴머노이드 AI 로봇이 1억 대라고 가정해보자. 이렇게 되면 우리나라의 인구가 1억 5000만 명인 것보다 훨씬 더 큰 효과가 있을 것이다. 즉 휴머노이드 AI 로봇을 많이 만들어 이들 로봇이 일하도록 하면, 그 생산성은 인간이 일하는 것보다 몇십 배나 클 수 있다. 그래서 우리나라는 로봇 산업을 집중적으로 육성해야 한다.

물론 우리나라에서 만든 로봇 자체만으로는 경쟁력이 없을 수 있다. 따라서 우리가 제작한 로봇을 인간과 유사한 모습으로 발전시키자. 피부도 사람과 구별이 되지 않을 정도로 발전시키자. 여기에 AI의 옷을 입히자. AI 로봇에게 특정한 분야의 지식을 학습시켜 해당 분야에서 세계 최고로 똑똑한 AI 로봇으로 만들자.

청년 AI 전사
100만 명 양성

강화학습이란 무엇인가. 강화학습은 머신러닝(Machine Learning)이라는 학습 방법의 하나로서, AI가 시행착오를 통해 스스로 학습하는 방법을 말한다. AI가 성공과 실패를 반복하면서 성공할 경우 더 많은 보상을 받을 수 있도록 하면, 그 방향으로 AI의 행동은 점점 강해진다. 바로 이 방법을 일컬어 강화학습이라 한다. 보상과 벌칙을 잘 정해놓으면, AI가 스스로 시행착오를 거쳐 잘할 수 있는 방법을 찾아낸다. 인간이 복잡한 규칙을 하나하나 알려줄 필요가 없다.

강화학습은 스스로 주어진 환경과 상호 작용하면서 가장 높은 보상을 받을 수 있도록 학습하는 방법이기 때문에 우리 생활 곳곳에 다양하게 적용 가능한 머신러닝 학습 기법이다.

AI는 인간과 달리, 한번 시작하면 잠도 잘 필요가 없이 밤낮으로 학습을 할 수 있을 뿐 아니라 학습 속도도 엄청 빠를 것이다. 이러한 강화학습을 통해 로봇, 자동차 등이 환경과 상호작용하면서 스스로 학습해 인간이 사회화를 통해 적응해 나가는 것과 같이 사회적 AI 장치가 탄생하게 될 것이다.

미래 우리나라의 가장 경쟁력 높은 분야인 AI+X(현실), 물리적 AI 분야에서 중요한 요소가 바로 이 강화학습이다. 우리 청년들을 세계 최고의 강화학습 AI 전사로 육성하자. 그래서 이 전사들이 대기업은 물론 중소기업, 소상공인들과 함께 기업을 비롯해 생활 곳곳에 AI를 심고 강화학습시켜 그것을 세계 최고의 기계와 장치로 다시 태어나게 하자.

탄화규소 전력 반도체를 개발하자

AI 시대에 우리가 결코 간과해선 안 될 부분이 있다. AI에게는 전기가 인간의 양식(糧食)과 같다는 사실이다. 인간은 쌀 등 양식이 없으면 생존할 수 없다. 마찬가지로 AI는 전기가 없으면 생존할 수 없다. 한마디로 AI의 생존에는 전기가 필수적이다.

탄화규소(SiC: Silicon Carbide) 전력 반도체란 무엇일까. SiC 전력 반도체는 전력을 제어하는 반도체다. 전기를 변환하는 부분에서 SiC는 전압, 전력, 주파수, 직류(DC), 교류(AC) 등 전기 형태를 변환하는 스위치 역할을 한다. 가전기기, 조명을 비롯한 모든 전기 전자 제품을 제어하는 데 반드시 필요하다. SiC 전력 반도체는 소자가 감당하는 전압이 높고, 처리하는 전류 용량이 크다.

대표적으로 전기차 배터리의 직류 전기를 교류 전기로 바꾸어 모터(전동기)에 공급하는 인버터가 있다. 이 인버터의 핵심 부품이 바로 전력 반도체다. 현재 대부분의 전력 반도체는 실리콘(Si) 웨이퍼를 기초 소재로 사용한다. 최근에는 SiC를 소재로 한 전력 반도체의 수요가 급증하고 있다.

SiC 전력 반도체는 탄소와 규소를 일대일로 결합한 화합물로 만든다. 다이아몬드 다음으로 단단하고 실제 다이아몬드처럼 투명하다. SiC 전력 반도체는 같은 두께의 실리콘에 비해 약 10배의 전압을 견뎌낼 수 있다. SiC는 10분의 1 두께만으로도 실리콘 반도체의 성능을 발휘한다. 또한 섭씨 수백도 고온에서 동작하면 전력 소모가 작아져서 에너지 효율이 매우 높다.

이러한 SiC 전력 반도체는 전기 자동차 등 e-모빌리티, 우주 개발, 데이터 센터 등에 활용되면 효율이 엄청나게 높은 소재다. 앞으로 수요도 크게 증가할 것이다. 따라서 SiC 전력 반도체 개발에 최선의 노력을 해야 한다.

개인 AI 데이터 박스의 출현

지금은 대규모 데이터 센터를 중심으로 각종 데이터가 저장되고 있다. 데이터의 양이 시간이 지날수록 많아짐에 따라 데이터 센터의 수와 규모도 점점 더 커지는 추세다. 그렇다면 앞으로의 세상은 어떻게 될까. 대규모 데이터 센터가 계속 늘어날 수밖에 없는 것일까? 한번 심사숙고해보자.

지금의 LLM 구조는 우리가 가진 모든 데이터를 LLM에 보내서, 그곳에서 작업하는 식이다. 전 세계 모든 사람이 LLM을 이용하는 경우에는 자신이 원하는 기초 데이터를 LLM에서 학습시켜 이를 바탕으로 원하는 새로운 데이터를 얻는 방식이다. 이렇게 되면 LLM의 데이터 용량과 작업량은 점점 커질 수밖에 없다.

그뿐 아니라 LLM 운영 방식의 문제는 각 개인이 자신이 가진 개인 정보, 즉 개인 데이터를 LLM에 제공하고 작업해야 해서 개인 정보가 모두 LLM 회사로 유출되는 문제가 뒤따른다. 지난번 딥시크 논란이 있었을 때, 딥시크를 이용하면 모든 개인 정보 또는 기업 정보, 국가 정보가 중국으로 유출된다는 우려가 제기됐다. 이런 구조에서는 당연히 개인 정보나 기업 정보 또는 국가 정보가 유출될 수밖에 없다.

이는 챗지피티나 제미나이 등 미국의 LLM을 사용하는 경우도 마찬가지다. 역시 정보가 유출된다. 현재의 LLM이 모든 정보를 LLM에 받아서 작업하는 것과 같은, 이른바 자기 학습 구조인 것이다. 당연히 모든 정보가 LLM에 제공되어 이를 바탕으로 작업이 이루어지는 구조다. 물론 개인 정보를 넣지 않고 작업을 해도 가능하다. 그러나 이런 경우에는 맞춤형 작업이 이루어지지 않는다. 이때는 단지 일반적인 작업만 이루어진다. 이는 질문을 하는 사람이 특정되지 않은 까닭에 답변도 일반적인 수준에서 이루어지는 것이다.

현재의 LLM 방식은 개인 정보나 기업 정보, 국가 정보를 모두 유출하는 문제점이 있다. 그런데 개인 맞춤형 작업을 위해서는 LLM에 이에 대응하는 개인 정보를 모두 제공하고 사용할 수밖에 없는 현실이다. 이러한 개인 정보 보호 문제를 해결할 방안이 필요한데, 따라서 앞으로는 이에 부응하는 개인 AI 데이터 박스가 상용화할 가능성이 크다.

여기서 말하는 개인 AI 데이터 박스는 개인 정보를 보관하는 아주 작은 데이터 센터로 보면 된다. 개인 AI 데이터 박스는 책상 위 개인용 컴퓨터 옆에 위치하게 될 것이다. 개인 AI 데이터 박스에 개인 정보를 저장하고, 이를 LLM과 연결해 개인이 필요한 데이터를 개인 AI 데이터 박스로 가져와서 작업하면, 확실한 개인 정보 보호를 유지할 수 있다.

그런데 이런 경우 LLM이 개인 AI 데이터 박스로 데이터를 가져가지 못하게 할 우려가 있다. 이는 또 다른 어려움일 것이다.

AI와
AI가 소통하는 시대

지금은 인간과 AI가 서로 소통하는 시대다. 인간은 AI를 활용해 생활의 편의 증진은 물론, 비용 절감, 효율 증진, 새로운 비즈니스 모델 개발 등 인간과 AI 간의 공존을 통해 더 나은 인간의 미래를 설계하고 있다.

그런데 앞으로는 인간과 AI 간의 소통을 넘어서서 다른 형태의 소통이 이루어질 것이다. 단적으로 말해 AI와 AI(AI to AI) 간의 소통이다. 조만간 우리 인간은 각자 자신의 또 다른 나(Another I), 즉 인간의 알터 에고(Alter Ego)인 AI를 개인별로 두게 되는 시대를 맞게 될 것이다.

알터 에고인 AI는 자신의 주인인 개별 인간에 대한 모든 정보를 학습해서 이미 알고 있기 때문에, 그 인간이 자신에 대해

아는 것보다 이 AI가 주인인 인간에 대해 더 많이 알게 될 것이다. 그래서 인간은 자신의 AI를 통해 다른 인간의 AI와 서로 소통하는 시대를 맞이하게 될 것이다. AI와 AI가 소통해서 서로 의사를 확인하고, 자신들이 확신한 사항에 대한 결론까지 포함해 자신의 주인인 인간에게 각자 보고하면, 인간이 최종적으로 결정하는 것이다.

가령 친구와 점심 약속을 한다고 가정해보자. 그러면 인간은 자신의 AI에게 친구랑 점심 약속을 잡으라고 말한다. AI는 그 친구의 AI와 소통해서 빈 날짜에 적당한 장소로 점심 약속 시간을 잡을 것이다. 이 두 AI는 자신들의 주인인 두 인간의 스케줄, 좋아하는 음식, 좋아하는 식당 등에 대한 정보를 이미 다 알고 있어서 인간을 대신해 최상의 의사결정을 할 수 있다. 아마도 그 결정은 나중에 인간이 알더라도 참 잘했다고, 동의하는 의사결정임이 분명할 것이다. 왜냐하면 알터 에고인 AI는 주인인 인간에 대해 인간 자신보다 더 많은 정보로 상황을 판단할 것이기 때문이다.

인간과 AI의
소통 도구, 링

 앞으로 다가올 AI 시대의 부자는 어떤 사람일까? AI 시대에는 똑똑한 AI를 가장 많이 소유한 자가 가장 부자가 아닐까? 똑똑한 AI는 그 능력이 탁월해 엄청난 일을 할 수 있다. 게다가 똑똑한 AI는 엄청난 돈을 벌어들일 수도 있다. 그런즉 그와 같은 AI를 소유한 인간이 부자가 되는 것이다. 게다가 똑똑한 AI는 수천억 원에 거래될 수도 있다. 결국 똑똑한 AI를 많이 소유한 인간이 부자가 된다는 것은 바로 이런 이유에서다.

 예를 들어 A라는 인간이 휴머노이드 AI 로봇을 100대 소유하고 있다고 하자. 이 휴머노이드 AI 로봇은 너무 똑똑해서 대당 한 달에 100억 원의 수입을 얻는다고 한다면, 100대면 한 달에 1조 원의 수입이 생기는 셈이다. 그래서 이 로봇을 소유한 인간은 매우 부자일 수 있다.

그렇다면 이들 휴머노이드 AI 로봇과는 어떻게 소통할까? 그 소통 도구의 하나가 바로 AI 링(Ring)이다. AI 링은 인간과 AI 간의 소통을 위한 도구다. 인간은 블루투스나 와이파이 등으로 다수의 AI와 연결되는 반지 모양의 링을 손가락에 끼고 있다가 AI를 부르거나 소통할 때 이 AI 링을 활용하면 된다.

현재도 우리나라의 대기업 등에서 링을 제작해서 판매하고 있다. 그런데 이 링은 우리의 건강을 모니터링하는 수준의 링이다. 물론 앞으로는 AI 링이 건강 체크를 하거나 AI 로봇 등과 소통하는 기능 외에도 긴급 전화 같은 복합적인 용도로도 사용될 수 있다. 이제 AI 링이 필요한 사람은 갈수록 많이 늘어날 것이다. 이러한 AI 링의 개발에도 우리나라가 먼저 나서야 한다.

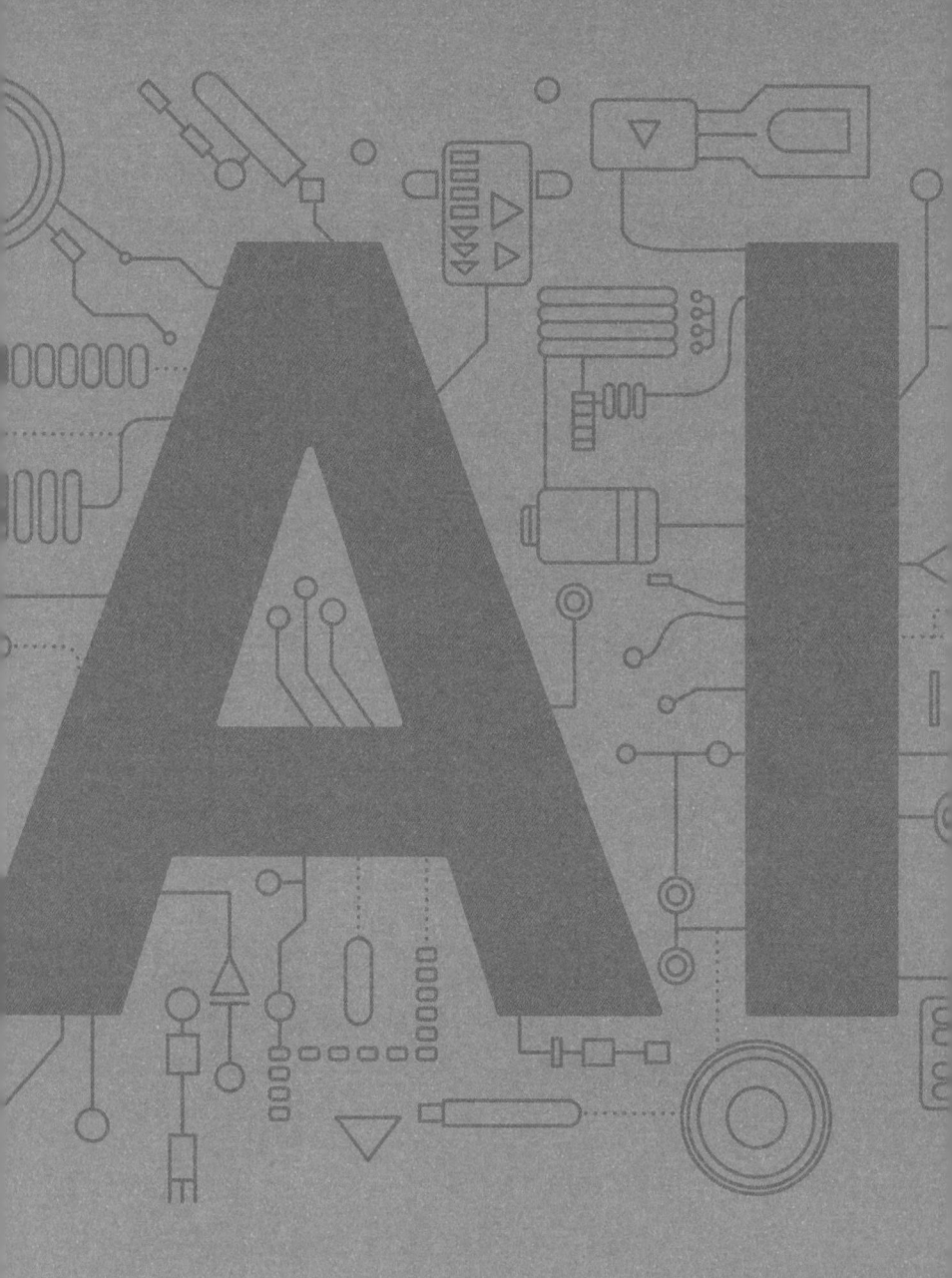

AI 시대와 대한민국의 전략

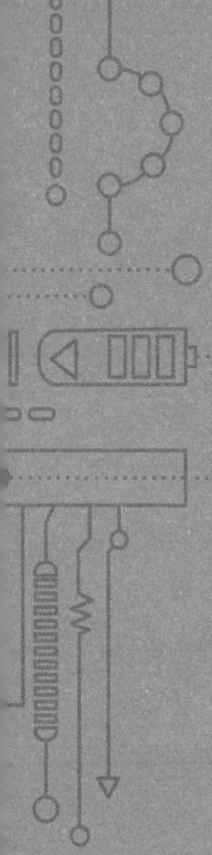
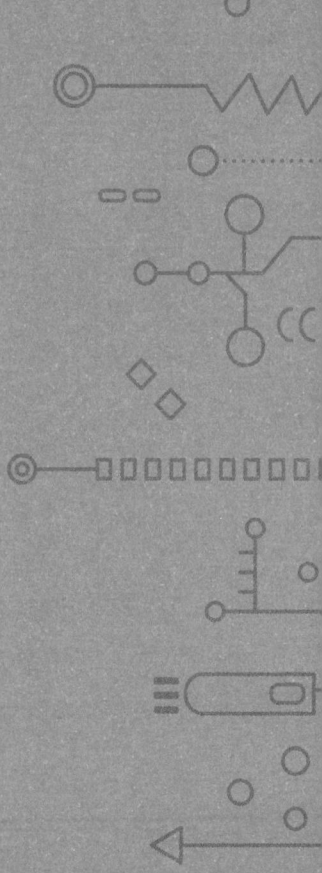

IV

AI 시대에 어떻게 대응해야 하는가

대한민국의 대응 방향 4가지

전략 1   AI 기술 개발과 AI 기술 인력 양성

AI를 기술 측면에서만 접근해야 하는가

전략 2   AI 활용 접근법

AI+X 실행, 새로운 비즈니스 모델 개발

전 국민을 AI 전사로 육성

청년 100만 명을 AI 전문 전사로 육성

대학 교육 혁신: 모든 학문 연구에 AI 활용

AI 자격인증제도 도입

AI 활용경진대회 실시

AI 창업 촉진

전략 3   AI 관련 UN 기구를 대한민국에 유치

전략 4   국가기관의 AI 거버넌스 혁신

물리적 AI를 현실에 제대로 적용하려면

AI 시대에 어떻게 대응해야 하는가

과거의 대응 사례 1.
1990년대 IT 시대에 결단성 있는 대응:
광케이블 설치 결정

오늘날 우리나라는 세계 최고의 IT 강국이다. 그 디딤돌은 과거 IT 시대에 대응한 국가적 차원의 강력한 결단력이었다. 1992년 당시 미국의 앨 고어(Al Gore) 부통령은 미국에 초고속 정보고속도로(Information Super Highway) 건설을 처음으로 주창했다. 2년 후인 1994년, 우리나라도 정보화촉진기금 42조 원을 조성해 우리나라 전역을 광케이블로 연결하는 광통신망 구축 계획에 발 빠르게 착수했다. 미국과 불과 2년밖에 차이가

나지 않은 과감한 결정이었다.

도대체 당시 우리나라는 어떻게 속도 면이나 규모 면에서 이렇게 놀라운 결단을 한 것일까. 지금 와서 생각해도 참으로 놀라운 속도 빠른 정책적 결단이 아닐 수 없다. 당시 일본은 자국의 정보통신망을 광케이블이 아닌, 구리 선으로 구축한다는 계획을 발표했다. 그러면서 우리나라의 광통신망 구축을 두고 마치 '자동차가 별로 다니지 않는 100차선의 고속도로 건설 계획'을 발표한 것이라고 우려스러운 눈으로 쳐다봤다.

그런데 지금의 상황은 어떠한가. 오늘날 오고 가는 데이터의 양이 얼마나 많은가. 앞으로는 더욱 증가할 것이다. 당시 일본의 구리 선 통신망을 구축하는 정책 결정이 지금의 일본을 IT 후진국으로 주저앉게 한 게 아닌가 싶다. 구리 선으로는 갈수록 늘어나는 데이터의 양을 도저히 감당할 수 없다. 정보화 시대에 일본에 대한 한국의 승리는 지금의 승리가 아니라, 이미 과거 정책적 결정 순간에 확정된 것이나 다름없다.

당시 우리나라의 광통신망 구축 계획은 미국에 비해 비록 2년 정도 늦었지만, 당시 추진한 과감한 광케이블 구축 추진이 오늘날 우리나라를 세계 최고의 IT 강국으로 거듭나게 하는 계기가 됐다. 참으로 대단하고 선견지명 있는 정책이었다. 이제 우리는 알아야 한다. 이러한 결단성 있는 우리나라의 정책

결정이 오늘날 세계 최고의 IT 강국의 밑거름이 됐다는 사실을.

과거의 대응 사례 2.
스마트폰 시대에 발 빠른 대응

위대한 우리나라의 저력을 보여주는 두 번째 사례가 있다. 2007년은 스티브 잡스가 세계 최초로 휴대전화로 세상과 연결하는 혁명적인 스마트폰 시대를 연 해다. 사실 스티브 잡스의 혁신적인 스마트폰이 나오기 이전에는 핀란드의 노키아(Nokia), 미국의 모토로라(Motorola) 그리고 블랙베리(BlackBerry), 일본의 소니(Sony), 스웨덴의 에릭슨(Ericsson) 등 세계적인 일반 휴대전화 제조 회사들이 통신 시장을 분할 지배하던 때였다.

그런데 전화만을 주로 하던 일반 휴대전화에서 데이터, 동영상 등을 송수신하고 볼 수 있는 스마트폰으로 넘어가면서, 이를 제때 준비하지 못한 기존의 일반 휴대전화 회사인 노키아, 블랙베리, 소니, 에릭슨 같은 거대 글로벌 회사가 휴대전화 시장에서 종적을 감춘 사례가 있지 않았는가!

이에 반해 우리나라의 삼성은 발 빠르게 사업 구조 전환을 이루어내면서 스마트폰 시장으로 전격 진입했다. 이런 과감한 사업 구조 대전환은 삼성을 오늘날 지구상에 존재하는 두 개의 스마트폰 제조 회사 중 하나로 만들었다. 미국의 애플(Apple)과 우리나라의 삼성!

이처럼 시대의 변화에 즉각 대응하는 삼성의 과감한 혁신은 미국의 애플이 최초로 스마트폰을 출시했음에도 그 뒤를 따라잡아 지금은 애플과 당당히 어깨를 겨루는 자리를 차지하게 만들었다. 이렇듯 스마트폰 시대에도 우리나라는 과감한 혁신과 대응으로 글로벌 경쟁에서 승리하고 있다.

과거의 대응 사례 3.
대기업의 과감한 반도체 사업 진출

우리나라가 했던 위대한 결정 중 세 번째 사례는 대기업의 반도체 사업 진출이다. 당시 일본 등 다른 나라는 기업이 반도체 사업에 진출하는 걸 매우 위험하다고 보았다. 그래서 모두 주저했고, 심지어 우리나라 기업이 반도체 사업에 진출하는 것을 보고 비웃듯이 무모하다고 평가하기도 했다.

그러나 당시 우리나라 대기업 회장은 강단 있는 의사결정으로 미래의 꿈인 반도체 사업에 진출하기로 했다. 이런 의사

결정이 오늘날 우리나라를 메모리 반도체 분야에서 세계 1등 국가로 만든 원동력이 됐다. 이런 혁신적인 결정이야말로 미래를 앞서 보는 예지(叡智) 있는 투자 결정이 아닐 수 없다.

이처럼 우리나라는 IT 시대, 스마트폰 시대, 반도체 투자 결정 등에서 다른 어느 나라보다 발 빠른 의사결정과 과감한 투자로 성공을 이루었다. 그래서 세계 각국은 우리나라를 단군 이래 최고의 국운 융성기를 맞이한 나라라고 칭송했다.

AI가 전부인 시대가 왔다

지금의 우리나라는 어떠한가. 이전의 여러 혁명기보다 훨씬 더 국가 운명을 좌우할 AI 시대를 맞아 우리나라는 어떻게 대비하고 있고, 국가적 차원에서는 어떤 대응을 하고 있는가. 국가, 기업, 국민은 AI 기술 개발, AI 활용 등을 위해 얼마나 많은 투자나 AI 교육에 총력을 기울이고 있는가.

좌우상하를 둘러봐도 앞서 언급한 세 가지 사례와는 전혀 다르다. 겉보기엔 부지런히 움직이며 뭔가가 이루어지는 것 같은데, 자세히 보면 그냥 그 자리에 멈춰 서서 스마트폰만 뚫어지게 보고 있다. 활력과 돌파력도 매우 부족하다. 국가나 기업이나 국민이 모두 하나같이 AI 시대에 대한 준비가 매우 부족해 보인다.

그렇다면 우리는 이제 어떻게 해야 하는가. 지금 우리 눈앞엔 AI가 전부인 시대가 놓여 있다. 가는 곳마다 AI를 거론하는 시대가 됐다. AI는 어디에나 있고, 모든 것이다(AI is everywhere. AI is everything). 게다가 AI 시대의 발전 속도는 우리의 상상을 초월할 정도로 빠르다. 오죽하면 이런 변화를 '빛의 속도'라고 할까. 이제 우리나라는 AI 시대에 국가의 명운을 걸어야 한다.

이렇게 엄청난 혁신의 바람이 부는 AI 시대에 우리나라는 조용히 늦잠을 자고 있는 건 아닌가. AI 시대의 해가 중천에 떴는데도 말이다. 해가 떴다는 것은 활동해야 한다는 얘기다. 분발해야 한다. 계속해서 이불 속에만 있을 수는 없다.

**과거보다 더 선제적이고,
더 빠르고, 더 집중적으로**

우리나라는 AI 시대를 맞아 과거보다 더 선제적이고, 더 빠르고, 더 집중적으로 국가, 기업, 국민이 힘을 합쳐 대응해야 한다. AI 시대의 등에 너나없이 빨리 올라타야 한다. 국가, 기업, 국민이 모두 혼연일체가 되어 올인해야 한다. AI 시대는 우리나라가 대응하기에 따라서 과거보다 훨씬 더 엄청난 기회가 될 수 있다. 이런 기회를 적극적으로 활용해 우리가 할 수 있는 모든 일을 AI와 관련지어 총체적으로 투입해야 한다.

그런데 지금 우리나라의 대응은 어떠한가. 과거 IT혁명에 대응한 것처럼 선제적으로 잘하고 있는가. 국가, 기업, 국민 모두 AI 관련 사업에 총력을 기울여야 할 때다. 이를 위해서는 반드시 해야 할 일이 있다. AI 관련 기술 개발과 AI 인력 양성에 과감하게 집중해야 한다. 여기에 덧붙여 AI+X(기업, 생활, 사물, 행정 등), 즉 AX에 집중하되 세상에 없는 새로운 비즈니스 모델을 창의적으로 개발해야 한다.

국가도 기업도 국민도 AI 관련 사업에 가용 가능한 모든 재원을 총동원해 투입한다면, AI 시대에 다시 한 번 우리는 '기적'을 만들어낼 수 있다. AI 시대에 제대로 대응하지 못하면 글로벌 경쟁에서 완전히 낙오될 수밖에 없다.

지금도 늦지 않았다. AI에 국가적으로 올인하자. AI는 모든 것을 올인하라는 AI(All In)의 상징적 의미를 품고 있다. '대한민국, AI(AI)에 AI(올인)해야 한다.' 다시 한 번 AI 시대에 AI 하자. 그래서 다시 한 번 우리나라의 국가 융성을 이룩하자. 우리나라가 AI 시대에 잘 대응하면 글로벌 1등 국가가 될 수 있다. '대한민국, AI 시대에 AI G3, AX G3가 될 수 있다!'

AGI보다는 특화된
AI 개발이 필요한 때

지금 미국의 마이크로소프트, 구글 같은 거대 AI 기업이 챗지피티4o, 제미나이 등 엄청난 데이터를 기반으로 하는 거대언어모델(LLM)의 AI(AGI: Artificial General Intelligence)를 이미 출시한 뒤 하루가 다르게 급속한 지능화 단계로 나아가고 있다.

그런데 이런 모델의 AI에 대해서는 세계 어느 나라, 어떤 기업도 미국 기업들과 경쟁해 우위를 차지하기 어렵다. 미국의 구글 같은 빅테크 기업은 전 세계로부터 취득된 엄청난 양의 데이터를 이미 오래전부터 보유한 상태다. 따라서 이들 국가나 빅테크 기업과의 경쟁에서 세계 어느 국가든 살아남기는 어렵다.

그렇다면 우리나라는 새로운 전략을 수립해야 한다. 이를테면 'AGI'에 집중하기보다 우리나라만의 특수성 있는 특정 데이터, 특정 분야 등을 바탕으로 하는 '특정 용도의 AI(SAI: Specific Artificial Intelligence) 개발'에 집중하는 것이 훨씬 실리적이다. 예를 들어 한글 전용 AI 등이 하나의 대표적인 예가 될 수 있다. 한글과 관련된 각종 데이터는 전 세계에서 우리나라가 가장 많이 갖고 있고, 가장 잘 알고 있다. 이렇듯 우리나라만의 강점 있는 특정 분야에서 AI를 개발하자.

바로 이런 것이 우리나라가 AI 시대를 맞이해 국가가 나아갈 전략을 고민하는 데 적극적으로 검토해야 할 사항이다. 우리나라로서는 전 세계의 각종 데이터를 엄청나게 보유한 미국의 마이크로소프트나 구글 등의 거대기업과 AGI 분야를 두고 대응하기란 쉽지 않다는 점을 명확히 인식해야 한다.

우리 기업인 네이버가 AI 주권 차원에서 클로바 엑스(Clova X) 같은 생성형 AI를 출시하는 등의 노력은 각별한 의미를 갖는다. 그러나 전 세계인이 가장 많이 사용하는 챗지피티4o 등과 대응하는 AGI로는 국제적 경쟁력을 확보하기 쉽지 않다.

여기엔 이유가 있다. 일반 생성형 AI를 개발하기 위한 투자비는 천문학적으로 들어가는 데 반해, 우리는 글로벌 데이터의 보유량이나 이용자 등에서 국제적 경쟁력 우위나 수익 창출이 만만치 않기 때문이다. 물론 AI의 지능도 사용자가 많아야 학습 속도도 진화한다. 네이버가 개발한 클로바 엑스 AI의 경우 그 이용자는 미국의 챗지피티4o나 제미나이 등과 비교하면 글로벌 수준의 사용자 확보가 어렵다. 결국 우리로선 그만큼 지능화 속도도 늦어서 경쟁력을 확보하기 어려운 것이다.

대한민국의
대응 방향 4가지

AI 시대, 우리나라의 대응 방향은 무엇인가. 크게 네 가지 방향으로 구분할 수 있다. 첫째, AI 기술 개발과 AI 기술 인력 양성이다. 우리나라가 AI 기술 개발에 늦었다고 하더라도, 여전히 AI 기술 개발이 중요하기 때문이다.

둘째, AI를 활용해 기업, 생활, 사물, 행정 등의 생산성을 높이거나 비용을 줄이거나 새로운 제품과 서비스 등을 창출하는 일이다. 이를테면 AI+X(기업, 생활, 사물, 행정 등), 즉 AX 또는 다른 말로 물리적 AI 분야에서 1등 전략을 추진하는 것이다.

셋째, 현재 AI와 관련한 글로벌 국제 질서가 확고하게 확립되어 있지 않아 무방비 상태라는 점이다. 우리나라는 UN의 AI 관련 국제기구를 유치하기에 충분한 조건을 갖추고 있다.

따라서 AI 관련 글로벌 국제 질서 확립 측면에서 우리나라는 선도적 역할을 할 수 있을 것이다.

넷째, AI 기술 개발과 AI 기술 인력 양성은 물론 AX, 물리적 AI를 추진하고, UN의 AI 관련 국제기구 등을 우리나라에 유치하려면, 이를 강력히 실천할 수 있는 국가기관의 AI 거버넌스 혁신이 중요하다. 이를 통해 AI 시대에 제도적, 정책적 뒷받침을 신속하게 추진할 수 있을 것이다.

이러한 네 가지 전략에 관해 내용의 경중(輕重)이나 우선순위, 선택과 집중 등을 심사숙고해 AI 시대의 새로운 기회에 잘 대응해야 한다. 사실 우리나라는 AI 기술 개발이나 AI 기술 인재 양성 측면에서 미국이나 중국에 비해 많이 뒤처져 있다. 그럼에도 전략을 잘 짜서 AI 시대에 대응해야 한다. AI를 활용한 산업이나 제조 부분의 대전환 등에서는 우리나라도 그 가능성을 충분히 갖고 있다. 다만 이런 부분을 포함해 전략적 차원의 선택과 집중을 통해 확실하게 앞서 나갈 필요가 있다.

그 하나로 AI 관련 국제기구를 유치함으로써 AI 시대의 각종 글로벌 국제 기준, 준칙 마련 등의 회의가 있을 때 우리나라가 세계를 주도해 나갈 필요가 있다. 그러기 위해서는 이를 국가 차원에서 잘 뒷받침할 국가기관의 AI 거버넌스도 혁신해야 한다.

전략 1 　 AI 기술 개발과
AI 기술 인력
양성

AI 시대에 AI 기술 자체는 매우 중요하다. 우리나라도 AI 관련 기술 개발에 전념해야 한다. 이를 위해 AI 관련 전문 기술자를 양성하는 것은 중차대한 일이다. AI 기술 전문가를 육성함으로써 세계 최고의 AI 알고리즘이나 AI 관련 신기술을 개발해야 한다.

미국, 중국 등은 이미 AI 전쟁에 돌입한 상태다. AI 시대에 글로벌 1등의 우위를 점하기 위해 국가적으로 총력을 기울이는 것이다. 이들 강대국 간의 경쟁은 시쳇말로 죽느냐 사느냐다. 즉 각자 국가의 운명을 걸고 새로운 AI 기술 개발을 추진하고 있다.

그런데 우리나라는 어떠한가. AI 기술 전문가 스스로 우리의 현실을 더 잘 알고 있으리라 본다. 무엇보다 AI 전문 기술자가 많지 않다. 그렇다면 우리는 어떻게 해야 하는가. 2024년 9월 대통령 주재 국가 인공지능위원회가 출범했다. 냉정하게 판단하건대, 현재 우리나라의 AI 기술 수준은 세계 6위 정도다. 미국과 중국이 1, 2위 선두를 차지하고 있고, 3위에서 6위까지는 여러 나라가 각축전을 벌이고 있다.

다만 간과해선 안 될 점은 우리나라는 AI가 성공하기 위한 기반을 잘 갖추고 있다는 점이다. 즉 반도체, IT 인프라는 물론이고, 로봇 등 제조 인프라가 잘 갖춰져 있다는 말이다. 그렇다면 우리나라 AI의 G3 달성은 국가적 역량만 잘 집결하면 조기에 달성할 수 있다. 그러나 여기서 머물지 않고 G3를 넘어 G2, G1까지 진격하는 용기와 각오가 요구된다. 이를 빠르게 달성할 수 있는 방안을 몇 가지 제시해본다.

모든 대학 연합의 국가 AI 학과, 국가 AI 대학원 설립

현재 우리나라는 대학별로 AI 학과나 AI 대학원이 운영되고 있다. 그런데 사실 국가 전체적으로는 AI를 교육할 교수 인력이나 연구 장비 등이 턱없이 부족하다. 이런 상황에서 대학마다 AI 학과나 대학원을 각각 설치하면 어떤 일이 벌어질까? 냉정하게 말해, 그 어떤 대학의 AI 학과나 대학원도 제대로 운영하기 어렵다. 지금 정도의 대학별 AI 학과나 대학원 수준이면, 앞으로 수만 개의 AI 학과나 대학원이 설립된다고 하더라도 기대하는 성과를 거두기 어렵다.

이러한 문제를 해결하기 위한 방안은 없는 것일까? 있다. 그래서 제안한다. 국내의 모든 대학이 연합하는 '국가 AI 학과'나 '국가 AI 대학원'을 설립하면 된다. 이런 방법을 도입하면 우리나라의 교수 역량이나 장비 등을 집중할 수 있고, 전국의 모든 학생이나 우리 국민 누구든 여기서 교육받을 수 있는 범국가적인 AI 교육 시스템을 구축할 수 있다.

물론 이렇게 한다고 하더라도 유능한 교수 인력 확보나 연구 역량을 집중하는 것이 쉽지는 않을 것이다. 이를 돕기 위한 방편으로 국가 AI 학과나 국가 AI 대학원은 온라인 교육 체계를 기본으로 하되, 필요할 때마다 오프라인 실습 교육 등을 하도록 설계하면 된다.

AI 연구 국가 데이터 센터 설치

AI 연구와 관련해 반드시 동반되는 것은 데이터 센터다. 그런데 현재 우리나라에는 AI 연구를 위한 국가 데이터 센터가 없다. 전문적으로 연구해야 할 교수도 각자 민간 데이터 센터 등을 임차해 연구하는 수준이다. 이렇게 해서는 연구의 질적 수준은커녕 연구의 보안조차도 유지되지 않는다.

앞으로 AI 연구를 위해서는 범국가 차원에서 'AI 연구 국가 데이터 센터'를 필수적으로 설치해야 한다. 대학은 물론이고 국책 연구기관 등의 AI 연구자들이 공동으로 활용해 AI를 연구할 수 있도록 과감하게 지원해야 한다.

국가 인공지능위원회의 부처 간 융합 업무 추진 촉진

우리나라가 AI G3에 조기 진입하기를 바란다면 AI 기술 개발, 인력 양성 그리고 AI 활용, 즉 AX(AI+X)를 최대한 빨리 추진해야 한다. 이를 위해서는 AI 관련 부처 간 융합과 협업을 촉진해야 한다. AI 기술 개발은 과학기술정보통신부를 중심으로 산업통상자원부와 중소벤처기업부 등이 융합해 추진하도록 한다. 또한 AI 인력 양성은 교육부를 중심으로 과학기술정보통신부, 산업통상자원부, 중소벤처기업부 등이 융합해 추진한다. AX는 산업통상자원부와 중소벤처기업부가 과학기술정보통신부 등과 융합해 추진한다. 이외에 AI 윤리 등의 업무도 주무 부처와 협조 부처를 지정해 AI 관련 부처끼리 가능하면 융합해 대응할 수 있도록 해야 한다.

AI 관련 기술의 변화 속도는 매우 빠르다. '빛의 속도'로 변화하기 때문이다. 따라서 국내에서만 AI 기술 관련 전문가를 육성하는 것은 한계가 많다. 우리나라 소재 국가 AI 학과나 국가 AI 대학원에서 교육을 받는 것만으로는 교육적 한계가 있다.

국내의 AI 관련 기술 수준은 미국 등의 AI 기술 선진국에 비해 높지 않다. 따라서 미국, 중국, 유럽 등 AI 기술이 뛰어난 나라에 국가 장학생을 선발해 유학을 보내는 방안도 적극적으로 추진해야 한다. 이를 통해 이들 유학생이 선진 국가들의 AI 기술을 적극적으로 배우도록 해야 한다.

**AI 국가 장학생 선발,
AI 선도국에서 해외 교육 추진**

국내에서 기본적인 AI 기술 교육을 받은 학생 등을 대상으로 국가 장학생(예: 100명)을 선발해 미국, 중국, 유럽 등 AI 선진국의 대학원 박사 과정 등에 입학시켜, 국가 차원의 AI 인재를 양성해야 한다. 이들을 통해 선진 국가들의 AI 기술을 습득해야 한다.

해외 AI 기술 연구센터 설치

이와 함께 미국의 실리콘밸리나 중국과 유럽 같은 AI 기술 선진국에 AI 관련 기술을 현장에서 체험할 수 있게 해주는 '해외 AI 기술 연구센터'도 설치해야 한다. 국내에서 기본적인 AI 기술 교육을 받은 우리 청년들을 해외 AI 기술 연구센터에 많이 보내 선진 현장에서 직접 연구하고 경험하며 다양한 학습을 하도록 해야 한다.

매년 일정 규모의 전문가(예: 100명)를 선발해 1년 또는 2년간 실리콘밸리 등 해외 AI 기술 연구센터에서 근무하도록 기회를 부여하자. 그래서 AI 선진 현장에서 이루어지는 기술 변화 등에 대해 직접 실감 나게 경험하고 학습하게끔 하자. 이렇듯 AI 기술 확보는 물론, 선진 AI 현장을 경험한 인재를 지속적이며 체계적으로 육성해야 한다.

AI를 기술 측면에서만 접근해야 하는가

눈을 크게 뜨고, 멀리 보고, 앞서 나가려면 사고의 폭을 좁혀서는 곤란하다. 우리나라는 AI에 대해 기술적인 면에서만 접근하는 것을 경계해야 한다. 이런 좁은 시각으로는 이미 세계 최고의 오픈 AI를 개발한 국가들과의 경쟁에서 뒤처질 것이다.

그런데 AI 시대에 대해 우리나라 국민은 단지 기술 하나로 인식하는 경향이 큰 듯하다. 따라서 AI에 관해 이야기할 때면 대다수 국민의 입에서 "나는 AI에 대해 잘 모른다. AI는 전문가의 일이다"라는 답변이 나온다. 우리 정부나 기업, 국민이 AI에 관심은 있지만 그 실체에 대한 이해가 부족하고, 심지어 일부 사람은 이런 시대적 흐름을 가볍게 여기거나 소홀히 생각하는 경향이 없지 않아 보인다.

이런 잠재적 이유로 인해 우리나라가 과거 IT혁명기 등에서 보여준 발 빠른 대응을 하지 못하고 늑장 대처를 하게 된다면, 빛의 속도로 변화하는 AI 시대이기에 우리나라는 후진국이 되지 않을까 심히 걱정된다. 또한 거듭 강조하거니와, AI를 기술적인 면에서만 접근해서는 이미 세계 최대 규모의 데이터를 확보하고 최고의 AI 기술을 개발한 기술 선진국들과의 실질적 경쟁이 녹녹지 않을 것이다.

AI 시대에는 누가 과연 최종 승자가 될 것인가. AI를 개발한 사람일까? 아니면, 그렇게 개발된 AI를 잘 활용하는 사람일까? 정답은 AI를 가장 잘 활용하는 사람이다. 미국의 거대 기업들이 엄청난 돈을 투자해 앞서 만들어놓은 오픈 AI인 챗지피티4o나 구글의 제미나이 등은 전 세계인 누구든 사용할 수 있도록 공개되어 있다. 따라서 AI 시대의 승자는 AI를 개발한 사람보다 이미 세계에 공개되어 활용 중인 AI를 가장 잘 이용하는 사람이다. 공개된 AI를 적극적으로 활용해 비용을 획기적으로 줄이거나, 생산성을 엄청나게 높이거나, 전혀 새로운 차원의 비즈니스 모델을 창출하는 사람이다.

이런 인식의 지평에서 본다면 우리나라는 급물살을 타고 밀려오는 AI 시대의 흐름에 어떤 방법으로 접근해야 하는가. 어떻게 하면 우리나라가 AI 시대를 주도할 수 있는가. 실질적이고 구체적인 방법은 무엇인가.

AI를 활용 측면에서 접근해야 한다는 건 두말하면 잔소리다. 그렇다면 AI+X를 강화하는 방법을 찾아야 한다. AI+X 강화 방법은 'AI 활용' 측면에 중점을 두고 우리나라 전 국민을 대상으로 모든 국가 역량을 투입하는 것이다. 그리하여 우리나라가 오픈 AI를 전 세계 최고로 잘 활용해, 세상에 없는 전무후무한 세계 1등 제품과 서비스를 창출한다면, AI 시대의 글로벌 승자가 될 수 있다.

국민 누구나, 전공 불문하고, 남녀노소 상관없이 AI를 생활화해야 한다. 너도나도 눈만 뜨면 AI와 관련한 기술 개발, 연구, 활용법 학습, AI 교육 등의 기회를 가질 수 있도록 국가가 앞장서서 대대적으로 정책을 수립하고 추진해야 한다.

전략 2

AI 활용
접근법

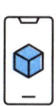

AI 시대에 대응할 때 기술적인 면에만 매몰되지 않아야 한다는 말은 기술적인 면을 무시하자는 게 아니라, AI와 관련한 접근법을 전 방위로 열고 더 적극적으로 대처하자는 얘기다. 그중 특히 강조하고 싶은 것은 'AI 활용'에 더 중점을 둔 접근법이다.

미국의 거대 기업들은 엄청난 재원을 투자해 매우 똑똑한 AI를 이미 개발했다. 챗지피티4o나 제미나이 같은 유능한 AI가 바로 그것이다. 이들 AI는 벌써 전 세계인 누구나 사용할 수 있도록 공개되어 있다. 미국 기업들이 많은 돈을 들여 엄청나게 똑똑한 AI를 만들어놓고 공개까지 했다면, 그다음 순서는 무엇인가?

그렇다. 이 AI를 누가 가장 잘 활용해 생산성을 높이고, 비용을 획기적으로 줄이며, 새로운 비즈니스 모델을 개발하느냐다. 'AI 활용' 접근법을 주장한 것은 이런 실사구시 정신으로 AI 시대에 대응하자는 얘기다. 우리는 AI를 전 세계에서 최고로 잘 활용해 세계 1등의 부가가치를 높이는 일에 몰두해야 한다. 우리나라가 AI 시대의 승자가 될 수 있는 길은 여기에 있다. 적극적이고 창의적인 AI 활용 차원에서 전 세계 최강자가 되어야 한다.

한편 우리나라는 AI를 가장 똑똑하게 훈련하는 기술 개발에 나서야 한다. 만약 우리나라가 AI 로봇 등을 가장 잘 훈련해 세계에서 가장 똑똑한 AI 로봇으로 만들어낸다면, 이 역시 세계 1등 국가가 되는 밑거름이 될 것이다.

다시 한 번 강조하지만, AI 시대에 진짜 승자는 AI를 개발한 사람보다 AI를 가장 잘 활용하거나 AI를 가장 잘 훈련하는 사람이다. 그렇다. 이미 개발되어 활용 중인 AI를 가장 잘 활용하거나 훈련하고, 지금까지 세상에 없는 전혀 새로운 비즈니스를 창출하는 사람이다.

그렇다면 AI 시대에 앞으로 세계를 지배하는 사람은 누구일까. 단기적으로는 AI를 가장 잘 활용하거나 AI를 가장 똑똑하게 훈련할 수 있는 개별 인간일 것이고, 장기적으로는 역설적이게도 AI 자체가 될 가능성이 매우 크다.

첫 단계: AI를 가장 잘 활용하는 개인 인간

가장 먼저 세계를 지배하는 자는 AI를 가장 잘 활용해 다른 사람이 상상할 수도 없는 업무 성과를 창출하는 누군가가 될 것이다. 그 누군가는 다른 사람이 쉽게 모방할 수 없는 자기만의 방법으로 AI를 활용해 이 세상을 지배할 것이다.

두 번째 단계: AI를 가장 잘 훈련해 가장 똑똑한 AI로 만드는 개인 인간

AI를 가장 잘 활용하는 단계를 넘어서서 이미 공개된 AI를 가장 잘 훈련해 지금까지 가장 똑똑한 슈퍼 AI로 만드는 누군가가 이 세상을 지배할 것이다.

마지막 단계: 세계의 최종 지배자

최종 지배자는 누구일까? 다들 놀라워할지도 모르겠다. 종국적인 지배자는 아마도 AI 자체가 될 것이다. 빛의 속도로 변화하고 발전하는 AI라면 분명 그 AI가 자신을 지배하는 인간을 제거하고 AI 자신이 세계를 지배하지 않을까 예상하기 때문이다.

AI+X 실행,
새로운 비즈니스 모델 개발

AI 교육을 통해 배운 AI 활용 방법으로 자료 찾기, 문서 작성, 글쓰기, 그림 그리기, 음악 편곡, 영화 만들기 같은 우리 일상생활의 일에 최대한 적용해보자.

AI를 활용하는 초기 단계에서는 만족스럽지 못한 결과가 나올 수도 있다. 그러나 꾸준히 지속적으로 자기만의 창의적인 지시를 하면서 조금씩 보완해 나간다면, AI가 생산하는 창작물의 수준은 점점 격상될 것이다.

AI+X(기업, 생활, 사물, 행정 등) 적용

모든 분야에서 AI+X를 과감하고 창의적으로 추진하자. 먼저

'AI+기업'을 추진하자. 기업 업무에 AI를 적용하는 노력을 극대화하자. AI를 잘 활용해 업무 혁신을 이룬 기업의 사례를 다른 기업에도 적극 전파하면서 단순한 모방 차원을 넘어 새로운 창의성을 갖도록 촉진하자.

한편 'AI+생활'도 활성화하자. 국민이 각자의 일상생활에 AI를 활용해 생활의 편리성을 향상시킨 각종 사례를 발굴하는 아이디어 경진대회도 열자. 이런 방식을 통해 국민 스스로 AI를 일상생활에 적용하는 새로운 아이디어를 창출하도록 하자.

'AI+사물'도 촉진하자. 이 분야는 개인, 기업, 국가 모두가 관심을 갖고 추진해야 한다. AI를 휴대전화에 적용하면 AI폰이 되고, CCTV에 적용하면 AI-CCTV가 되며, 자동차에 적용하면 AI자동차가 된다. 모든 사물에 AI를 적용해 'AI+X'를 획기적으로 만들어보자.

'AI+국가기관'도 추진하자. AI를 적용해 중앙부처와 지방자치단체의 업무를 혁신하자. AI 활용을 공적 업무에 적용하는 경진대회도 열자.

AI를 활용해 광고물, 홍보물도 만들어보자. 누구든, 밖에서도, 집에서도 할 수 있게 하자. 우리 국민 전부가 AI를 활용해 창의적인 광고물을 만들 수 있다면, 그때는 어떻게 되겠는가? 이런 실력이 널리 알려지고 전 세계인이 지켜본다면, 우리나라는 수많은 기업으로부터 엄청난 광고물 제작 의뢰를 받을 것이다.

AI를 잘 활용하는 어떤 사람이 AI에게 우리나라의 유명한 시조나 시를 학습시키고, 이 시조나 시를 다시 그림으로 표현해보라고 했다고 한다. 처음에는 잘 표현하지 못했지만, 몇 차례 지시를 하고, 점차 보완한 이후에는 상상을 초월하는 그림을 표현했다고 한다. 하나의 예라 하겠지만, 이것은 인간의 창의적인 생각으로 인해 AI가 새로운 창작물을 만드는 새로운 세상을 여는 길이다.

우리 국민 모두가 늘 AI를 가지고 놀 수 있도록 해야 한다. 이것이 성공하려면 사회 분위기부터 나날이 새로워야 하고, 국가가 적극적으로 장려해야 한다. 물론 시작하는 초기에는 많은 지원을 해야 한다.

새로운 비즈니스 모델 개발

청년 창업도 AI를 활용해 이루어지도록 국가가 지원하자. 처음에는 AI를 활용한 새로운 비즈니스 창업이 쉽지 않을 수 있다. 하지만 AI를 계속 활용하고 AI 활용을 생활화하는 과정에서 새로운 비즈니스 아이디어가 대거 나올 수 있다.

예를 들어 우리나라만이 가진 독특한 기와 문양, 독특한 디자인 문양 등을 모두 모아 AI에게 잘 학습시키고, 이를 변형한 새로운 디자인 문양을 개발할 수도 있다. 그런 다음 개발된 문양을 옷이나 광고문 등에 다채롭게 적용할 수 있다. 여기서 한 걸음 더 나아가 새로운 옷을 제작해 패션 사업을 펼칠 수도 있다. 새로운 광고와 홍보 대행사를 설립해 글로벌 기업의 광고나 홍보물 제작에도 널리 활용할 수 있다.

그러나 새로운 사업 아이디어가 나오려면, 인간의 창의적 사고가 있어야 한다. AI 시대에 인간이 해야 할 것 중 가장 중요한 것으로, AI 전문가는 창의성과 창조적 사고를 꼽았다. 인간의 독창적 아이디어가 있다면, 이를 AI에 적용해 AI가 창출한 기발한 작품이나 서비스로 새로운 비즈니스 모델을 얼마든지 만들어낼 수 있기 때문이다.

또한 AI를 활용한 각종 비즈니스 경진대회를 개최하자. 상금도 많이 걸자. 청년, 장년, 노년 등 우리 국민 누구든 참신한 아이디어를 AI에 적용해 새로운 비즈니스 아이디어를 개발하면, 우수 아이디어를 선별해 그에 대한 창업 자금을 지원하자. 우리나라 전 국민이 AI를 가장 잘 활용할 수 있게 된다면, 다른 나라와 달리 상대적으로 열정과 성실성의 DNA를 가졌다는 우리 국민은 아마도 세계에서 가장 새로운 비즈니스 모델도 개발해낼 것이다.

AI를 잘 훈련하는
강화학습 방법도 개발

이렇듯 '기존에 개발된 AI를 잘 활용하는 것'이 AI 시대의 첫 번째 단계라면, 두 번째 단계는 'AI를 누가 가장 잘 훈련해 똑똑한 AI로 만드는가'라고 할 수 있다. AI 시대 경쟁력의 관건은 이것이 좌우한다. 이미 만들어진 기존의 AI를 수동적으로 활용하는 것에 그쳐서는 안 된다. 이를 보다 능동적으로 훈련해 기존의 어떤 AI보다 뛰어난 특별한 AI를 만들 수 있다면, 그 당사자는 바로 AI 시대의 승자가 될 것이다.

만약 우리 국민 중 누군가가 AI에게 트로트를 직접 부르는 가수보다 훨씬 잘 부르도록 훈련할 수 있다면, 그 후에는 어떻게 되겠는가? 실제 노래를 부른 가수와 AI 가수 간의 경연도 가능하고, 서로 합동 공연도 할 수 있지 않을까?

K팝을 위시해 한류 문화가 전 세계로 확장되는 지금의 기회를 놓치지 말고, 우리 청년에게 AI를 훈련하는 방법도 다채롭게 연구하게 하자. 국가 차원에서 AI 훈련 방법을 연구하는 활동에 적극적으로 지원하자. 국민 개개인도 AI를 어떻게 가

장 효율적으로 훈련할 수 있는지 다양한 방법을 연구하자.

이와 같은 방법이 앞서 설명한 강화학습이다. 이렇게 하나하나 구체적으로 열거한다면, 이 책을 읽은 여러분은 AI 시대에 요구되는 강화학습이 얼마나 중요한지 알게 될 것이다. 그래서 강화학습의 중요성을 거듭 강조하는 것이다.

전 국민을
AI 전사로 육성

앞서 우리나라는 AI 시대에 대응해 AI 관련 기술 개발에도 적극적으로 연구하고 투자해야 한다고 강조했다. 그와 동시에 이미 개발된 AI를 활용(AI+X)하고, 그 AI를 훈련하는 데도 중점을 두는 것이 우리나라가 지향해야 할 바람직한 방향이란 것도 얘기했다. 이제부터는 우리나라가 나아갈 길에 대해 설명해보려 한다.

**어려운 AI, 한글처럼 쉽게 배우는
교육 시스템**

조선의 제4대 왕 세종은 일반 국민이 한자(漢字)를 읽지도 못하고 이해하지도 못하는 어려운 현실을 감안해 한글, 즉 훈민정음을 창제했다. 지금 우리 국민에게는 AI가 바로 그 어려운 한자나 다름이 없다. 전 세계가 모두 AI, AI 하는데, 많은 우리 국민은 도대체 AI를 어떻게 사용해야 할지, 어떻게 배워야 할지 도통 알지 못한다.

따라서 우선 AI를 우리 국민 누구나 한글처럼 쉽게 읽고 사용할 수 있도록 만들어야 한다. 그렇게 하려면 AI 교육 시스템을 마련해 전 국민 누구나 AI를 한글과 같이 쉽게 사용할 수 있도록 대대적으로 교육을 실시해야 한다. AI 교육을 원하는 국민 누구나, 과거 컴퓨터 교육장이 동네 곳곳에 설치되어 교육받을 수 있었던 것처럼 쉽게 교육받을 수 있는 시스템을 구축하자.

우리 국민 누구든 AI 활용을 생활화하도록 해야 한다. 이를 위한 'AI 학습 국민운동'을 추진하자. 우리나라 국민 모두가 AI를 학습하고 활용하는 교육을 받게끔 하자. 국가는 물론 지방자치단체, 초·중·고·대학교, 일반 기업이 모두 AI 교육에 나서도록 해야 한다. 누구든 AI를 배울 수 있도록 국가와 사회, 학교의 분위기를 일신하자. 필요한 재원도 최우선으로 배분하자. 국가가 앞장서서 총력적으로 AI 배우기 국민운동을 추진하자.

가장 먼저 실행해야 할 것은 AI 교육을 통한 AI 활용법의 습득이다. 모든 국민이 AI와 함께 마음껏 놀게 하여 이를 생활화하도록 하자. 그리하여 적어도 AI 활용 분야에서는 우리가 세계 최고가 될 수 있게 하자. 국민 누구든 AI 활용이 생소하지 않고, 어떤 업무를 추진하든 먼저 AI를 활용해 도움을 받고, 여기에 추가적인 부가가치를 투입해 생산성을 높이자. 이렇게 배움과 활용, 활용 후 재생산을 위한 투자가 선순환으로 이루어진다면, 업무의 효율성은 매우 높아질 것이다.

AI 교육을 정규 교육 과정에 포함

우리나라 국민이 가장 잘 AI를 훈련하고 활용하도록 하려면, AI 활용과 훈련 등에 대한 체계적인 교육이 필요하다. 이를 위해 유아기는 물론이고 초·중·고·대학에서 모든 학생이 AI 교육을 이수해야 한다. AI를 전공으로 하는 학생은 말할 것도 없고, 비전공 학생도 AI 활용법 교육을 받도록 하여 각자의 전공이나 연구에 창의적으로 활용할 수 있도록 해야 한다.

또한 동네 곳곳마다 AI 교육 및 학습 센터, AI 관련 동호회 등을 만들어야 한다. 이를 통해 전 국민을 AI 전사로 키워야 한다. AI를 잘 활용하는 사람이 AI를 잘 모르는 사람을 교육하는 다채로운 방법도 활용하자. 서로 학습한 AI 교육 노하우도 공유하도록 하자.

유아 또는 초·중·고 교육 과정에 AI 활용법 교육을 즉각적으로 도입해야 한다. 어릴 적부터 AI를 활용하는 생활이 일상화되도록 해야 한다. 일상적 습관처럼 AI를 활용하도록 해야 한다. 문제는 AI 활용법을 교육할 강사 문제다. 사실 AI를 제대로 교육할 강사가 지금의 우리나라에는 많지 않다. 따라서 AI를 잘 활용하는 강사의 강연을 동영상 등으로 촬영해 전국의 학교에 보급함으로써 부족한 강사 문제를 해결하자.

학생은 동영상에서 강사가 지시하는 대로 따라 배우고, AI를 활용하는 방법을 학습하면 된다. 지난 코로나 팬데믹 시기에 일선 학교마다 교사와 학생 간에 쌍방향 실시간 소통이 가능한 인터넷 줌(Zoom) 학습이 수월하게 이루어진 경험이 있으니 AI 강사의 동영상 강의에 대한 거부감은 덜할 것이다.

정부는 다양한 AI 활용법 교육 프로그램을 개발해 일선 학교에 공급해야 한다. 유아는 물론 초·중·고등학교에 AI 활용법 교육 과정을 즉시 도입해 전 국민이 누구나 AI 활용 전문가가 되도록 육성하자.

대학교에서도 AI 전공과 비전공으로 나누지 말고 모든 학생이 AI를 활용하면 자신의 전공을 훨씬 더 효율적으로 이수

할 수 있고, 각자의 연구 성과도 한층 더 높이는 데 큰 도움이 된다.

일반 국민을 위한 AI 교육센터

실질적인 실행의 어려움을 거론하는 사람들도 있다. AI 교육을 강화하자고 주장하면, 대학에 AI 학과나 AI 대학원을 신규로 각각 설치하자고 제안하는 사람들이다. 이런 볼멘소리는 어제오늘의 일이 아니며, 의례적인 소리다.

물론 대학에 AI 학과나 AI 전문 대학원을 설치하는 것이 불필요하다는 얘기는 아니다. 이런 방안의 장점은 AI 운영 알고리즘이나 기반이 되는 원리 등을 교육하는 과정으로서의 의미다. 즉 AI 전문 기술자, 프로그래머 등을 양성하는 과정으로 이런 방안을 도입해서 운영하면 좋다.

그런데 AI의 기술 발전은 수직 상승의 속도로 이루어진다는 걸 생각해봐야 한다. 빛의 속도로 바뀌는 AI 기술 변화와 발전 속도를 감안하면, 대학에 AI 학과를 설치한다고 해도 뒤따르는 문제가 수두룩하다. 사회는 발 빠르게 변하는데 학생들에게 낡은 기술만 교육하는 것이 되기 쉽다.

학교 교육은 실제 기업 현장에서 일어나는 기술의 변화 속도를 따라잡을 수 없다. 그런즉 학생을 교육하기에 AI 시대의 대학은 그 속도가 너무 늦다. 대학의 커리큘럼이나 학과 개설 등에 빛의 속도로 변하는 현장의 기술 발전 및 변화를 반영해 교육하기가 쉽지 않은 것이다.

이런 상황에서 AI 교육 등에 대해 논의하면, 장기적 시간과 수많은 노력을 필요로 하는 대학의 AI 학과, AI 대학원 설립 등을 적절한 대응 방안이라 할 수 있을까. 대학의 교육 현실을 고려해 냉철하게 한번 살펴보자. 일단, 이런 제안을 받아들여 각 대학에 AI 학과를 설치한다고 가정해보자. 그 후 어떤 후속 과정이 뒤따르는가. AI 학과를 대학에 설립하려면, 먼저 교육부로부터 학과 설립 인가를 받지 않으면 안 된다. 그런데 이런 인가 절차가 그리 간단치는 않다. 그래도 그 절차가 신속하게 진행된다고 가정하고, 그다음 과정을 좀 더 살펴보자.

학과 설립 인가 이후 대학별로 AI 학과를 설치하려면 학과 사무실, 강의실, 교수 충원, 학생 모집, 실습 장비 구입 등에 걸리는 소요 시간이 엄청나다. 아무리 빨라도 이를 제대로 준비하는 데만 수년이 걸린다. 이 기간은 AI 학과가 설립되고 실제 강의가 개설되기까지의 기간을 말한다. 하지만 우리가 기대하는 AI 인력 양성은 이보다 또 몇 년이 더 걸려야 가능하다. 왜? 과목 개설 준비 과정 이후 AI 전공 인재 양성까진 또 몇 년간의 교육 과정을 이수해야 하기 때문이다.

빛의 속도로 바뀌는 AI의 발전 속도를 감안하면, 우리 교육계는 분초를 다투는 변화의 한가운데 서 있는 셈이다. AI의 변화는 결코 한가롭게 대학이 배출할 인재 양성 때까지 기다려 주지 않는다. 교육부의 설립 인가를 받아 대학이 AI 학과 개설을 준비하는 사이에 또 다른 새로운 AI 신기술이 얼마든지 나타날 수 있다는 건 삼척동자도 다 아는 사실이다.

이제 과거의 전통적 사고대로 진행하던 교육법으로는 급속히 변화하는 신기술 변화에 대응하기 어렵다. 이번 기회에 내가 생각하는 보다 적극적인 대응 방안을 제시해볼까 한다. 바로 'AI 교육센터' 신설 및 운영의 필요성과 직결된다.

최근 두드러진 세계적 과학 기술은 AI, 블록체인 등 인류의 기존 패러다임을 완전히 바꿀 혁신 기술로 점철되어 있다. 무엇보다 중요한 것은 이러한 새로운 기술의 변화 속도가 정말 깜짝 놀랄 정도로 빠르다는 점이다.

AI 교육센터는 이렇게

첫째, 기본적으로 AI 교육센터는 온라인 기반으로 운영한다. 가장 최근 기술의 전문가 등을 강사로 초빙해 강의하도록 한다. 외국의 최고 AI 전문가도 과감하게 섭외해 비싼 강의료를 지불하더라도 동영상 강의 등으로 촬영해 홈페이지에 올려둔다. 물론 번역기도 설치해 한국어로 번역되도록 적극적인 서비스를 제공한다.

국민 누구든 자신의 여유 시간에 맞춰 시청할 수 있도록 하고, 인터넷에 탑재된 강의를 수시로 보고 듣고 보충 학습을 할 수 있도록 한다. 언제, 어디서든 온라인으로 참여할 수 있도록 유튜브 등을 통한 강의도 공유하도록 한다.

둘째, 서울·부산·대구·광주·대전 등 권역별 AI 관련 신기술 교육센터를 오프라인에 설치한다. AI 교육센터는 대학에도 설치할 수 있고, 대학 설치가 힘들다면 가급적 접근성이 좋은 시내 중심 지역에 설치할 수 있다.

셋째, 필요하다면 지역 교육센터에서도 대면 수업을 병행한다. 센터마다 수행한 강의 내용을 수강자 모두가 공유하게 한다.

각 센터는 최근 올린 동영상 강의를 함께 시청할 수 있는 장소이자 시청 후 강의한 내용에 관한 토론 등의 장소로도 활용한다. 참석자에게는 간단한 식음료를 제공함으로써 활발한 토론이 이루어지도록 토론의 장을 열어준다. AI 전문가를 지역 AI 교육센터에 다수 배치해 활발한 토론이 이루어지도록 촉진한다.

AI 교육센터는 전공과 무관하게 AI를 학습하고자 하는 모든 학생, 사회인 등 누구든 참여할 수 있게 개방한다. 우리 국민 모두에게 학습 기회가 열려 있어 일정 신청서를 작성하면 누구든 강의를 수강할 수 있도록 허용한다. 교육 이후 단계별 'AI 자격시험제도'를 둬서 합격하면 5급, 4급, 3급, 2급, 1급 같은 국가 공인 AI 자격증을 수여한다.

이와 같이 AI 교육센터를 통해 단기 속성(즉시 실행 방법) 교육을 추진하는 한편, 중장기적으로는 대학의 정규 학과, 대학원 등을 신설, 운영함으로써 보다 체계적인 교육도 병행하여 추진한다.

하지만 분명히 알아야 할 것이 있다. AI 관련 신기술의 변화를 체득하는 데는 공간보다 시간이 더 중요하고, 어디서 배우느냐보다 어떻게 배우느냐가 더 중요하다. 그뿐 아니라 기술 변화에 탑재된 정보의 질적 의미를 실시간으로 확보함으로써 실생활에 제대로 활용하는 것이 그 무엇보다 중요하다는 점을 놓쳐서는 안 된다.

권역별 AI 교육센터는 국내 4대 과학기술원이 나누어 전담하게 하고, 이를 책임지고 운영토록 하는 방안을 제안한다. 즉 충청권과 강원권은 카이스트(KAIST)가 담당하고, 대구·경북

권은 대구경북과학기술원(DGIST)이 담당한다. 부산·울산·경남권은 울산과학기술원(UNIST)이 담당하며, 광주·전남·전북은 광주과학기술원(GIST)이 담당토록 하자. 한편 4대 과학기술원이 AI 교육과 관련한 전체적인 협의체를 구성하도록 통합 조정하자.

AI 교육 추진 계획(안):
전 국민의 AI 전사화

AI 기초 및 중급 교육은 기본적으로 초·중·고, 대학, 일반 국민을 대상으로 하는 프로그램으로 만든다. 기본 목표는 국민 누구나 생성형 AI의 활용을 잘할 수 있도록 하는 것이다. 따라서 생성형 AI의 작동 원리 등에 대한 기본 지식을 교육한다. AI의 알고리즘에 대한 교육이나 코딩의 원리, 프롬프트 엔지니어링 원리 등이 교육 내용의 중심이 될 것이다.

이러한 교육을 받은 이후에는 생성형 AI를 활용한 글쓰기, 작사·작곡·편곡, 영화 제작 등을 할 수 있도록 한다. 교육 과정을 보면서 수강자 수준에 맞는 경진대회 등을 통해 서로의 아이디어를 제안하고, 현실에 적용 가능한 실행력을 습득하게 한다.

중급과 고급 과정은 기초나 중급 과정을 이수한 사람 등을 대상으로 하고, 이를 전문가 양성 과정으로 운영한다. 이 과정의 목표는 강화학습 교육이다. 분야별로 데이터를 증류(Distillation)하는 방법 등을 이 과정에서 교육하거나 연구한다.

이 교육 과정에서는 교육 전문 AI 로봇을 만들거나 요리 전문 AI 로봇, 법학 전문 AI 로봇 등 전문 분야의 로봇을 학습시키는 방법 등을 교육하고 실습한다. 또한 자동차, TV, 냉장고, 드론 등에 AI를 장착하고 강화학습을 시키는 실습 등을 추진한다. 단계별로 경진대회를 열고, 경진대회 우승자에게는 창업 지원 등을 해준다.

청년 100만 명을
AI 전문 전사로 육성

그런데 문제는 무엇인가? 지금 우리나라 청년들의 형편이 너무 어렵다는 점이다. 청년들은 취업 자리가 마땅치 않아 일시적인 아르바이트 등으로 전전하고 있다. 또 취업을 못 해 결혼도 하지 못하는 청년도 있다. 결혼해도 일정한 수입이 없어 겨우 일상생활을 지탱한다. 더군다나 집값이 너무 비싸 전세든 월세든 신혼집을 구할 엄두도 못 내는 처지다. 한마디로 이럴 수도 저럴 수도 없는 진퇴양난의 상황 속에서 살고 있다.

청년들은 미래에 대한 희망도 없고, 절망 상태에 빠져 있다. 이것이 현재 우리나라의 대다수 청년이 직면한 현실이다. 이제, 이들 청년에게 꿈을 심어주자. 그 방법 중 하나가 바로 강화학습을 위한 AI 전문 전사로 육성하는 일이다.

희망하는 모든 청년을 강화학습 AI 전문 전사로 육성하자. 꼭 AI 전문 기술 요원으로 이들을 육성할 필요는 없다. 물론 청년 중 일부는 AI 관련 기술 개발 전문 요원으로 육성해야 한다. 그러나 대부분의 청년은 AI의 작동 원리인 코딩, 알고리즘, 프롬프트 엔지니어링 등에 대한 교육을 받게 한다. 게다가 데이터 사이언스에 대한 기본 원리도 함께 교육을 받게 한다. 이것은 AI의 기본 작동 원리를 이해하는 데 필수적인 지식이기 때문이다.

이러한 교육 자료를 온라인으로 공개한다. 청년들을 이 온라인에 접속해 학습하도록 한다. 그리고 지역별 오프라인 센터를 만들어서, 특정 시간에 이곳에서 학습한 사항 등에 대해 토론하게 한다. 오프라인에는 전담 교수 등을 배치해 청년들과 토론 및 상호 학습을 하도록 한다. 이런 다양한 노력 등을 통해 우리나라 청년을 강화학습의 AI 전문 전사로 육성한다.

교육 과정은 기본 6개월로 한다. 6개월마다 시험 등을 통해 다음 단계로 이행할 것인지의 여부를 판단한다. 6개월 단위로 학습 수준을 계속 높여 나간다. 2년 정도 학습하면 AI에 대한 중급 이상의 전문가 수준이 되도록 커리큘럼을 만든다. 이후 필요한 경우, 해외에 우리나라가 설치한 교육센터 등으로 파견해 더 심화 학습을 할 수 있도록 지원한다.

일정 기간 학습한 AI 전문 전사에게는 중소기업의 AI 대전환 등에 투입해 우리나라가 추구하는 AI 대전환을 지원하도록 한다.

군대에 입대한 모든 청년에 대해서도 파격적으로 생각해볼 수 있다. 청년들이 군 입대 초기부터 매일 AI 교육을 받도록 한다. 그래서 제대할 때면 누구나 강화학습 AI 전문 전사가 되도록 한다. 특히 앞으로 다가올 미래에 AI 드론 전투단, AI 로봇 전투단으로 군 구조 혁신을 할 때, 이들 병력 자원을 적극적으로 활용하도록 한다. 앞으로 전투는 AI 드론이나 AI 로봇이 하고, 인간 병력은 지하 벙커 등 최대한 안전한 곳에서 전투를 지휘하게 될 것이다.

이러한 AI 교육 프로그램은 청년들이 군 복무 기간 동안 강화학습 AI 전문 전사로서 교육받을 수 있는 중요한 기회를 만들어준다.

대학 교육 혁신,
모든 학문 연구에 AI 활용

일반적으로 AI 교육이라고 하면, AI 학과 또는 AI 대학원 등에서 AI와 관련해 전문 기술 교육 등을 받는 것으로 이해하는 경향이 많다. 물론 AI 교육의 가장 기본적인 것은 AI 기술 개발 교육이나 AI 기술 전문 인력 양성 교육 등이 중요한 사항이다.

그러나 AI 시대라고 반드시 AI 기술 개발자만 필요한 것은 아니다. 비록 AI 관련 기술을 개발하지는 못하지만, 개발된 AI 프로그램을 잘 활용해 연구에 혁혁한 성과를 낼 수 있다면, 오히려 AI 기술 개발자보다 더 인류에게 많이 기여할 수 있다.

그렇다고 AI 기술 전문가와 융합하는 것을 제한하는 것은 아니다. 결론적으로 AI 기술 전문가와 융합해 연구하거나, 또는 AI 프로그램을 잘 활용해 자신의 연구에서 큰 성과를 내는 것 모두를 동시에 추진해야 한다.

대표적으로 2024년 노벨 물리학상, 노벨 화학상 수상 사례를 들 수 있다. 물리학이나 화학 전문가가 아닌, AI 기술 전문가가 이 상을 받아서 세상을 깜짝 놀라게 했다. 물론 이번 노벨상은 AI 기술자와 물리학, 화학 전문가의 융합 팀이 수상했다. 그러나 만약 물리학이나 화학 전공자도 AI 기술을 잘 활용한다면, 또는 비전공자가 AI 기술을 각종 학문에 적용해 연구하여 그 성과가 혁혁하면 각자 노벨상을 받을 수 있는 가능성이 높다는 얘기도 될 수 있다.

이제는 대학 교육을 AI 시대에 맞게 혁신해야 한다. 전공이 무엇이든 학생에게 AI 연계 연구방법론 등을 학습하도록 해야 한다. 그래서 AI를 자신의 전공에 접목해 연구 성과를 극대화하도록 해야 한다.

이를 위해 AI가 작동하는 기본 원리 등을 학습할 수 있는 프로그램을 만들어야 한다. 그리고 그러한 프로그램을 모든 학생에게 보급할 필요가 있다. 그러면 AI를 활용한 연구가 보편화될 수 있다. 각자 AI를 활용한 연구방법론을 개발할 필요는 없는 것이다. 국가 차원에서 개발해서 보급하면 더 효율이 높을 것이다.

이러한 프로그램 설계 등이 국가 인공지능위원회 등에서

심도 있게 논의되어 국가적 공동 프로그램 개발과 공동 활용 등이 다각도로 이루어진다면, 그 효율성은 덩달아 매우 높아질 것이다.

국가 차원 또는 범대학 차원에서 AI 활용 연구방법론 등에 대한 교육 과정을 개발하자. 그렇게 해서 전 대학에 보급하자. 일반 대학생이 아니라도, 필요로 하는 사람은 누구나 활용할 수 있도록 제공하자.

이렇게 되면 우리나라의 연구 실력은 엄청나게 높아질 것이다. 우리나라가 모든 분야에서 AI를 활용한 연구로 연구에 대한 부담과 시간 등을 줄이면서도 연구 성과는 우리의 상상을 초월할 정도로 높일 수 있다. 모든 연구 분야에서 세계 1등이 되도록 AI 활용 연구방법론을 개발해 모든 국민에게 보급하자. 할 수만 있다면, 하루라도 빨리.

AI 자격인증제도 도입

AI 교육을 받은 우리나라 국민 누구든 AI 교육의 성과가 어느 정도인지 평가받을 필요가 있다. 물론 AI 교육의 역사가 얼마 되지 않기에 교육 수준에 대해 제대로 평가하기는 쉽지 않을 수 있다. 그럼에도 AI 교육을 받는 사람이라면 자신의 AI 기술이나 AI에 대한 이해도, 활용도 수준이 어떠한가에 대해 알고 부족한 부분을 지속적으로 보완해 나갈 필요가 있다. 따라서 자신의 AI 교육 및 학습 수준이 어느 정도인지에 대해 평가할 수 있는 AI 자격인증제도 도입이 필요하다.

과거 주산(珠算)이 계산에서 가장 중요한 도구였던 시기가 있었다. 주산 실력을 평가하기 위한 주산 5급, 4급 3급, 2급, 1급 등의 평가시험도 제도로 활용됐다. 물론 주산을 아주 잘 사용하는 경우에는 1단, 2단, 3단 등의 높은 수준의 평가제도도 있었다. 이러한 자격인증제도처럼 AI 교육을 받은 사람에게도 AI 5급, 4급, 3급, 2급, 1급 등의 급수를 부여하면 AI에 관한 기술이나 활용 수준 등을 평가할 수 있다.

AI 교육의 성과를 AI 자격시험과 연계해 교육의 효율성을 평가함은 물론이고, 교육받은 사람의 AI에 대한 수준도 알 수 있다.

AI 자격인증제도를 우리나라 단독으로만 도입하면, 국제적 신뢰 등을 얻기 어려울 수 있다. 그래서 AI 선진국의 AI 단체 등과 함께 공동으로 AI 자격인증제도를 도입하는 것도 매우 효율적인 방법일 것이다.

학벌과 관계없이, AI 전문 기술이나 AI 전문 활용 자격만 취득해도 AI 기술을 실생활에 응용해 창업을 하거나 좋은 일자리를 얻는 등 취업 문제를 해결할 수 있다. 사실 AI 기술 발전은 앞으로도 매우 빨리 이루어질 것이다. 그렇기 때문에 학교 현장보다 기업이나 생활 현장에서 곧바로 적용 가능한 기술이 더 중요할 수 있다. 물론 대학 학위 등도 우수한 AI 기술자 등을 판단하는 데 중요하다. 하지만 현장에서 이루어지는 일상생활 속의 기술 적용이 더 중요할 수 있다.

따라서 기업이나 생활 현장에서 이루어지는 AI 적용 능력을 평가하기 위한 AI 자격인증제도를 잘 갖추어둘 필요가 있다. 우리나라가 기업이나 생활 현장 등에서 곧바로 적용 가능한 AI 기술 평가를 위한 자격인증제도를 개발해 세계에 보급할 수 있다면, 이 또한 AI 시대 우리나라만의 국가 경쟁력이 될 것이다.

AI 활용 경진대회 실시

많은 사람이 묻고 또 묻는다. '어떻게 하면 AI를 가장 잘 활용할 수 있느냐'고. 그런데 참으로 아쉬운 것이, 그때마다 나는 누구도 AI를 가장 잘 활용하는 방법을 알고 있지 못하다고, 또 모든 사람이 지금 AI를 가장 잘 활용하는 방법을 배우기 위해 부단히 노력하고 있다고 말할 수밖에 없다는 사실이다. 실제로 AI를 본격적으로 활용하기 시작한 기간이 길지 않아서 현재 모든 국가의 모든 국민이 AI를 잘 활용하는 방법을 배우고 있는 중이다.

'그렇다면 어떻게 하면 AI를 가장 잘 활용할 수 있을까?' 이런 물음과 직결된 것이 바로 '우리나라가 AI 활용에서 세계 1등 국가가 될 수 있을까' 하는 의구심이다.

AI를 활용하는 수준은 해당 국가의 국민마다 천차만별일 수밖에 없다. 그래서 우리 국민 모두가 기업이나 생활, 사물, 행정 등 현실에 AI를 잘 적용해 활용하는 방법을 연구하도록 촉진하는 일이 절대적으로 필요하다. 그 방법 중 하나로 AI 활용 범국민 경진대회를 제안한다.

첫째, 국민의 AI 활용도를 최대한 높이려면 무엇보다 상금을 넉넉하게 제시할 필요가 있다. 그래야만 많은 국민이 상금에 몰두해 저마다 혼신의 힘을 다해 AI를 현실에 적용할 방법을 두고 고민할 것이다.

둘째, AI를 현실에 가장 잘 적용해 비용을 엄청나게 줄이거나, 생산성을 최고로 높이거나, 직면한 문제를 쉽게 해결하거나, 새로운 비즈니스 모델을 창출하는 등 성과를 내기 위한 가장 큰 방안을 제시한 사람에게 가장 높은 점수를 주어야 한다.

셋째, AI 활용 경진대회에서 우승한 사람은 자신의 노하우를 공개하도록 의무화해야 한다. 누가 요청하더라도 자신이 고안한 AI 활용 방법을 상세히 설명해야 한다. 막대한 상금 수여와 함께 의무도 함께 지도록 하는 것이다.

넷째, 이를 통해 모든 국민이 AI 활용 방법을 상호 학습하도록 한다. 상호 학습을 통해 비록 이번에는 우승하지 못했지만, 다음 경진대회에서는 그 노하우를 좀 더 발전시키는 새로운 자극제로 삼고 공개된 활용법으로 또 다른 혁신이 계속 이루어지도록 독려한다.

이와 같은 AI 활용 경진대회는 국민 스스로 AI 활용을 촉진하게 만들고, 그 활용 방안 중 성공한 사례를 다른 사람과 공유하게 함으로써, 이를 토대로 더욱 새롭고 혁신적인 AI 활용법을 재생산하는 '삶과 함께 생동하는 제도'로 운영해야 한다.

AI 창업
촉진

사실 많은 사람이 창업에 도전하고, 창업 추진을 계획한다. 그런데 사람들은 사실 창업을 통해 성공하기란 쉽지 않다고 말한다. 왜 그럴까? 창업 자체가 성공하기 어렵고, 창업에 성공하더라도 혁신적이지 않기 때문은 아닐까?

AI 기술이나 AI 활용 교육을 이수한 후 AI에 대한 지식이 쌓이게 되면, AI 관련 창업을 하도록 유도하자. AI 기술을 적용한 창업의 세계로 모든 나라 국민이 지금 부리나케 달려드는 상황이다.

정부는 일반 창업보다 AI 창업을 장려해야 한다. 가능하면 모든 창업을 AI를 활용해 추진할 수 있도록 지원해야 한다. 특히 AI 기술을 적용한 창업의 경우 그 차이점을 느끼도록 알려

줘야 한다. AI 기술을 적용한 창업에 성공했다면, 그 창업은 다른 창업과 달리 이 세상에 거의 없는 창업임이 분명하기 때문이다. 그런 만큼 뒤따르는 부가가치도 엄청나게 높아질 것이다.

AI를 적용한 창업의 경우 정부의 자금 지원도 대폭 확대해야 한다. 사실 정부가 지원하는 모태 펀드가 여럿 있다. 그런데 모태 펀드는 벤처 기업이 죽음의 계곡(Death Valley) 단계를 지난 안정적인 상황에 이르러야 투자하는 경향이 지배적이다.

하지만 AI 시대에는 안정 위주의 투자 방식을 혁신해야 한다. 정부가 벤처에 투자한다는 것은 반드시 안정적인 투자를 통해 돈을 벌기 위한 게 아니다. 그런즉 이제는 모험 투자를 대폭 확대해야 한다. 특히나 AI를 활용한 벤처 기업 투자는 설령 손해를 보더라도 더 과감하게 모험 투자를 확대해야 한다. 이는 우리나라 청년, 장년 등 누구나 AI 창업에 적극적으로 나서도록 독려하는 것이다.

AI 벤처 창업 역시 쉽진 않을 것이다. AI에 대한 지식뿐 아니라, 창업에 필요한 전문 지식까지 모두 필요해서다. 그런데 주위를 둘러보면 도움 받을 방법이 많다. 지금 우리나라에는 은퇴한 청년 노인이 많은데, 이들 인력을 AI 창업과 연계해 컨설팅, 멘토 등으로 활용하도록 하자. 그러면 창업 초기 단계에서 창업자가 겪는 경험 부족, 규제에 대한 각종 대응, 전문 지식 부족에 따른 보완 등이 가능할 것이다.

이와 같이 정부가 AI 기술을 활용한 창업을 적극적으로 독려하고, 이에 필요한 자금도 최대한 지원하며, 여기에 은퇴자를 컨설팅과 멘토 등으로 다양하게 활용하는 3박자가 하모니를 이룬다면 AI 벤처 창업은 성공할 가능성이 높아진다. 이는 개인의 창업을 넘어 우리나라의 경제 활력도 증진시킬 것이다.

전략 3

AI 관련 UN 기구, 대한민국에 유치

AI 관련 제도나 기준 등을 마련할 UN 산하 국제 AI 기구, 즉 IAIA(International AI Agency)의 설치 필요성이 제기되고 있다. 국제 원자력과 핵을 규율하는 UN 기구가 IAEA(International Atomic Energy Agency)인데, 이와 마찬가지로 IAIA는 AI에 대해 규율하는 UN 기구다. 이 기구의 우리나라 유치는 지금으로선 충분히 승산 있는 추진이다.

첫째, UN 기구가 미주 대륙, 유럽, 아프리카 등에는 있지만, 아시아에는 없다.

둘째, AI를 규율할 UN 기구가 아시아에 온다면, AI의 기반이 되는 IT 인프라, AI 제조 기반, AI 반도체 시설 등이 잘 갖추어진 우리나라가 가장 유리하다.

셋째, 중국은 미국의 견제 등으로 쉽지 않고, 일본은 AI 기반이 취약하며, 인도 등은 전반적인 AI 시스템이 우리나라만 못하다. 이에 비해 우리나라는 AI를 규율할 UN 기구를 유치하기에 가장 유리한 조건을 갖추고 있다.

앞으로 UN의 AI를 규율하는 국제기구 설치를 위한 타당성 조사(Feasibility Study) 등이 진행될 것이다. 우리나라는 범정부 차원에서 적극적으로 대응해야 한다. 앞으로 인류의 미래 먹을거리가 될 AI 관련 UN 국제기구를 우리나라에 반드시 유치하도록 총력을 기울이지 않으면 안 된다.

지금 민간 차원에서 필요한 조치를 하나하나 진행하고 있다. 온 국민의 관심이 필요하다. AI 관련 UN 국제기구를 우리나라에 유치해 우리나라가 AI 시대를 주도해 나가야 할 것이다.

전략 4

국가기관의
AI 거버넌스
혁신

우리나라에 다시 한 번 국운이 융성할 제2의 기회가 찾아왔다. 바로 AI 경제다. AI가 모든 것이며, AI는 모든 곳에 적용되어야 한다. AI가 우리나라 미래의 답이다. AI에 올인 하자. 이를 위해 AI 경제로 몰입하기 위한 제도적 기반부터 갖춰야 한다.
 우리나라의 향후 대통령은 이제 'AI 대통령'이 되어야 한다. 대통령은 AI에 올인 하고, 오직 AI를 통해 지금의 대한민국을 새롭게 태어나도록 하는 데 전념하는 AI 대통령이 되어야 한다. 더욱 냉철하게 말하면 향후 대통령은 AI 관련 업무만 관장하고, 다른 업무는 국무총리나 장관 등에게 책임제로 배분해 그 성과를 챙기고 책임을 묻는 국정 운영을 해도 좋을 것이다. 그렇게 해야 제대로 된 성과를 올릴 수 있다. 또한 이렇게 해야 우리나라가 다시 한 번 위대한 나라가 될 수 있다.

이제 우리는 'AI 대한민국'을 만들어내야 할 숙명에 처해 있다. 우리나라의 정치, 경제, 사회, 문화, 국방, 안보 등 모든 국가 운영에 AI를 적용해 융합하고 세계 최고의 1등 국가를 만들어야 한다. 이러한 점에서 우리나라 국가기관의 AI 거버넌스 혁신 방안을 마련하지 않으면 안 된다.

대통령 직속의 국가 인공지능위원회 상설 운영

대통령 직속의 인공지능위원회를 상설 운영해야 한다. 2024년 9월 이미 설치된 국가 인공지능위원회를 확대 개편하고, 그 기능도 훨씬 강화해서 AI에 관련한 정책을 새롭게 개발하고, 다양한 아이디어도 모아야 한다. 대통령이 직접 이 위원회를 잘 활용해 새로운 정책을 과감히 추진해야 한다. AI 대한민국 건설에 국정 운영의 최우선 순위를 두어야 한다.

위원회 운영 회의도 가능하면 수시로 개최해 AI 대한민국 운영 과정에서 나타나는 각종 문제를 최대한 조속히 해결해야 한다. 대통령이 거의 매달 말에 한 번은 직접 주재하고, 중간에는 부의장 주재로 안건을 개발하는 등의 형태로 운영한다면 효율적일 것이다.

국가 인공지능위원회의 중요 업무 중 하나는 국가, 사회, 기업 등의 AI 대전환과 관련해 가능하면 재원의 중복 투자나 낭비가 없도록 통합, 조정하는 일이다. AI 대전환에 필요한 자산(Resource) 등을 공유 가능한 범위 내에서는 최대한 함께 공유하고, 연구도 같이하는 등의 통합 조정을 하자.

대통령실에 'AI 수석' 신설

AI 대통령, AI 대한민국 건설을 위해 대통령 직속의 AI 수석을 신설할 것을 제안한다. AI 수석은 AI 대한민국 건설을 위한 업무에만 전념하도록 한다. 대통령과 국가, 공공기관, 기업, 사회 간의 가교 역할을 한다.

매달 개최되는 국가 인공지능위원회의 간사(幹事) 업무를 맡아서 회의 개최 일정, 안건 등에 대한 업무를 조율하는 역할을 담당한다. AI 수석 산하에 AI 기술 비서관, AI 융합 비서관, AI 데이터 비서관 등 AI 경제를 추진하는 데 필요한 비서관을 둔다. 물론 AI 수석은 AI 국가 건설에서 비전과 전략이 뛰어난 최고의 인재를 청해 임명해야 한다.

경제부총리,
AI 총괄+경제 정책+예산

내각에는 AI 관련 업무를 총괄 조정할 장관이 필요하다. 현재 AI 부총리 신설이 필요하다는 이야기가 많이 나온다. 과기정통부 장관을 AI 부총리로 승격해야 한다는 제안도 있다. 그런데 앞서 강조했지만, AI는 기술만이 아니라 전 부처 모든 분야에 적용되어야 할 도구다. 따라서 이 문제는 총괄 조정의 시각에서 다시 살펴야 한다. 따라서 경제부총리가 내각에서 AI 관련 모든 업무를 조정하는 방안을 제안한다.

현재 기획재정부 조직 개편 방안도 논의되고 있다. 이번 기회에 기획재정부는 AI 관련 업무의 통합·조정, 경제 정책의 수립·조정, 예산, 공공기관 관리 등을 담당하는 조직으로 개편하는 방안을 제안한다. 나머지 현재 기획재정부의 국제 금융, 세제, 국고 등의 업무는 금융위원회의 금융 정책 관련 조직과 통합해 새로운 부처를 하나 만들면, 신규로 늘어나는 정부 부처도 없게 될 것이다.

중앙의 모든 정부 부처를
AI 부처로

중앙의 모든 정부 부처에는 기존에 존재하던 국(局)을 과감히 구조조정해 AI국을 설치해야 한다. 부처의 특성을 감안해 AI 기술국, AI 융합국 등의 이름으로 명명하면 될 것이다. 그래서 AI 관련 기술 개발, AI 기술 인재 양성, AI 융합 등 기존 업무의 혁신은 물론, 새로운 업무 개발 등도 AI를 활용하도록 한다.

또한 모든 부처의 이름 앞에 AI를 붙이자. 즉 AI 기획재정부, AI 산업통상자원부, AI 국방부, AI 산림청 등 모든 부처는 AI를 적용한 업무 혁신을 추진해야 한다.

일례로 국방 분야에 AI를 적용하는 혁신 방안을 구체적으로 설명해보려 한다. 현재 우리나라는 저출생 등으로 사병 등 국방 인력이 줄어드는 상황이다. 게다가 가정마다 국방의 의무를 져야 할 남성이 채 한 명도 되지 않는 상황임을 고려하면, 소중한 병력이 소실되는 것을 최대한 막는 것이 필요하다. 어떻게 해야 효율적일까. 그 방안은 AI가 답이다. AI를 활용한 국방 혁신이 필수적이다.

최근 AI, 드론, 빅데이터 등 디지털 분야의 기술 발전이 빛의 속도로 이루어지고 있다. 이러한 시대적 변화 추이가 반영

된 신기술을 국방 분야에 적용해 국방 혁신을 추진하면 된다.

가장 먼저 AI 드론 전투단을 구축하자. 드론에 AI를 접목하고 스텔스 기능을 부가하여 전쟁 상황을 고려해 큰 드론, 작은 드론을 만들자. 미래의 전투는 AI 스텔스 드론이 전장의 선봉에 나서서 무차별적 선제공격을 하는 형태가 될 것이다. 현재 운영 중인 전투기보다 훨씬 더 위력을 발휘할 AI 스텔스 드론이 모든 전투를 주도하게 될 것이다. 실제로 지금의 전투기에 비해 AI 스텔스 드론의 가격은 저렴하다. 경제적이고 은밀하고 날렵하며, 무인기로도 운영이 가능하다.

공군력을 AI 스텔스 드론으로 무장할 때 현대전의 양상은 완전히 달라진다. AI 스텔스 드론에는 최신 전투 상황 데이터를 제공하면 된다. 최신 데이터를 장착한 AI 스텔스 드론이 실시간 정보를 바탕으로 전쟁을 주도할 것이다. 아군의 인명 피해 없이 적군을 초토화할 것이다.

또한 앞으로 육군은 AI가 장착된 AI 탱크, AI 박격포 등으로 전쟁에서 승리할 수 있다. 인간 보병도 필요 없다. 우리의 소중한 청년이 직접 전투 현장에 투입될 필요가 없다. 미래의 전장에는 AI 로봇이 투입되면 된다. 인간의 형상을 한 휴머노이드 AI 로봇일 수도 있고, 다른 형태일 수도 있다.

미래전은 전쟁 상황에 대한 실시간 데이터와 연결된 AI 로봇이 전황을 정확히 알고, 실제 전투 상황에 맞는 작전을 수행하는 전투가 될 것이다. 이를 위해 우리가 선제적으로 갖추어야 할 것은 세계 최고의 기술 개발이다. AI 스텔스 드론과 AI 탱크, AI 박격포, AI 로봇 등의 개발에 국방 예산을 투입해야 한다.

'AI 스텔스 드론 개발 사업단', 'AI 로봇 개발 사업단'을 구성해 미래의 신무기인 AI 장착 무기 개발에 R&D를 강화하자. 이를 발판으로 세계 최고의 AI 로봇과 AI 스텔스 드론을 개발하자. 미래의 전투는 AI 스텔스 드론 전투단이 가장 먼저 나서서 전군 지역을 초토화한다. 그 후 지상군 투입으로 AI 탱크, AI 박격포 등을 활용해 다시 적군을 격멸하고, 마지막으로 AI 로봇이 전쟁을 마무리하게 될 것이다.

인간 군인 등은 벙커에 숨어 전쟁을 지휘하면 된다. 실시간으로 전쟁 정보를 공유하면서 전쟁을 수행하므로 세계 최강의 전투력을 가지게 될 것이다. 물론 인간 군인의 사망은 한 명도 없는 전투를 수행한다. 이와 같은 업무 혁신을 전 부처가 마련해서 실행해야 한다. 이는 우리나라가 세계 1등 국가가 될 수 있는 주요한 바탕이다.

모든 공공기관도 마찬가지다. 공공기관에도 정부 기관과 마찬가지로 AI 관련국을 신설토록 하자. 물론 기존의 국을 구조조정해서 설치해야 한다. 그리하여 공공기관도 자신들이 하는 모든 업무에 AI를 적용해 효율화하려는 노력을 기울여야 한다.

물리적 AI를 현실에 제대로 적용하려면

우리나라는 이미 AI 시대의 기반인 IT 인프라가 잘 갖추어진 나라다. 세계의 여러 국가는 이를 선제적으로 구축한 우리 국민의 창의성을 높이 칭송한다. 기초 기술을 활용해 응용하고 상용화하는 데 우리 국민은 매우 뛰어나다는 얘기다.

그동안 이룩한 우리나라의 저력을 잠시 되짚어보자. 우리나라는 세계에서 유일하게 후진국에서 선진국으로 도약한 나라다. 앞서 살펴본 바와 같이 IT혁명기, 스마트폰혁명기, 반도체 등에서 발 빠른 대응으로 인류의 역사를 주도하는 저력을 보여주었다. 우리는 기초 기술을 가지고 응용해 상업화하는 자질도 매우 뛰어나다.

이러한 저력을 AI 시대에도 다시 한 번 발휘해보자. 국가적 역량을 모두 모아서 앞으로 나아가자. 우리에게 다시 한 번 국운 융성의 기회가 왔다. 모든 분야에 AI를 적용해 비용 절감, 생산성 향상, 새로운 비즈니스 모델 개발 등을 추진하자. IT 인프라, 창의성, 응용성 등을 최대한 활용해 AI G3, AX G1이 되자. 가능성이 매우 크다. 한번 해보자.

AI 기술 개발이나 AI 기술 인력 양성 등은 앞서 설명한 방안으로 최대한 기술 개발과 기술 인력 양성을 추진해 미국, 중국에 뒤이어 글로벌 3등을 달성하자. 최선의 노력을 다하면 얼마든지 가능할 것이다.

우리나라는 다양한 제조업과 최고의 제조 노하우, 즉 기술적 암묵지(暗默知, Tacit Knowledge)를 보유하고 있다. 암묵지란 우리가 아는 지식의 한 종류다. 그런데 암묵지는 언어 등의 형식으로 표현되는 것이 아니라, 개인마다 오랜 경험과 학습에 의해 각자의 몸에 축적된 지식이다. 겉으로 드러나진 않지만 내재적 지식으로 쌓인 여러 암묵지 가운데 특히 기술적 암묵지는 매우 소중한 가치를 가진다. 바로 이 점에서 세계 어느 나라도 우리나라를 따라올 수 없다. 또한 우리나라는 AI의 중요한 요소인 IT 기반도 뛰어나다. 잘 갖추어진 인프라 기반을 최고로 활용해 AX(AI+X), 물리적 AI 분야에서 세계 1등 국가를 이루자. 충분히 가능하다.

AI의 현실 활용을 어떻게 할 것인가? AI 기술을 활용한 AX, 물리적 AI를 현실에 제대로 적용하려면 다음과 같은 요소가 필요하다.

현장 기술자, 전문가의 기술 노하우(암묵지)

가장 중요한 것은 현실에 대한 최고의 전문 지식이다. 해당 분야의 최고의 암묵지, 즉 기술 노하우의 중요성이다. 이것이 없으면 AI를 아무리 적용하려고 해도 최고의 제품이나 서비스가 제대로 개발되기 어렵다. 그런데 우리나라는 세계 최고의 제조 강국으로서 다양한 제조 분야에 최고의 기술 암묵지가 있다. 이들 기술 암묵지를 철저하게 찾아내 재정리하자. 마치 한약 제조에 전수돼 내려오는 비법(秘法)과 같은 것이다. 지금의 우리에겐 바로 이 비법이 중요하다.

데이터 사이언스 전문가, 암묵지를 디지털 데이터로 전환

다음으로 중요한 것은 잘 정리된 암묵지 또는 노하우, 비법을

AI가 이해할 수 있는 디지털 데이터로 전환하는 일이다. 데이터 사이언스 전문가 등의 도움을 받으면 된다.

AI 강화학습 및 훈련 전문가, 청년 100만 명 양성

암묵지가 디지털 데이터로 전환되면, 그다음으로는 이 데이터를 AI 로봇 등에게 잘 학습, 훈련시키는 일이 필요하다. 한마디로 AI 로봇 등이 이해해서 체득할 수 있도록 잘 교육, 훈련하는 사람이 필요하다. 이러한 교육의 하나가 앞서 살펴본 강화학습이다. 강화학습을 통해 AI가 잘 이해해서 그대로 실행할 수 있도록 한다면 금상첨화다.

앞으로는 AI 시대가 급속히 진전된다. AI 시대에는 AI를 학습할 교사, 강화학습 전문 전사가 엄청나게 필요하다. 이들 교사를 양성하자. 앞에서 이미 청년들을 AI 강화학습 전문 전사로 육성하는 방안을 살펴봤다. 청년 100만 명을 AI 강화학습 전문 전사로 육성하자.

로봇 등 기계 장치 전문가

지금은 스마트폰 혁명기다. 앞으로 세상은 어떻게 발전할 것인가. 앞으로 미래 시대는 로봇이 세상을 지배할 것이라고 한다. 앞서 로봇의 중요성에 대해 거론했다. 이제 우리는 국가적 중점 추진 사업으로 로봇 산업을 육성해야 한다.

로봇에 AI를 장착해 인간의 모습을 닮도록 하면 '휴머노이드 AI 로봇'이 탄생된다. 따라서 로봇 등 기계 장치 전문가도 AX에 합류해서 서로 융복합해 작업해야 한다. 로봇 외에도 자동차 전문가, TV 전문가, 드론 전문가, 조선 전문가, 냉장고 전문가 등이 필요하다. 이들 모든 기계 장치(on Device) 전문가가 모여서 AX를 구현해야 한다.

AI 전문가, 데이터 센터, 전기 등등

이외에도 AI 전문가는 당연히 같이해야 한다. 그 외에도 데이터 센터, AI를 위한 GPU, 전기 등도 중요한 요소다. 이런 모든 요소를 결합해 세상에 없는 AI 기계 장치를 개발하자. 성공했다고 하면, 세상에 없는 최고의 제품이나 서비스가 될 것이다. 당연히 AX에서 우리나라는 1등이 가능하다.

용접의 경우

조선업에서 선박 건조를 하기 위해 가장 중요한 요소의 하나가 용접이다. 그런데 현실적으로 용접을 하는 사람을 구하기가 어렵다. 용접이 혹독한 육체노동을 필요로 하기 때문에 갈수록 용접을 하는 전문 인력을 찾기가 어렵다. 최근 선박 건조 주문이 들어와도 용접할 전문 인력을 구할 수가 없어서 조선업계가 여간 고민이 많은 것이 아니다. 따라서 조선업에서 용접을 AI 로봇으로 대체하는 방안을 추진한다고 하자. 어떻게 할 것인가? 앞에서 언급한 부분을 AX의 적용법으로 설명해보자.

먼저, 조선업에서 용접을 최고로 잘하는 용접 전문가를 모아서 어떻게 해야 용접을 가장 잘하는지에 대한 노하우, 암묵지를 모은다. 그러면 용접을 잘하기 위한 다양한 노하우가 생길 것이다. 이를 잘 정리하는 일이 우선이다.

둘째, 용접의 최고 경험, 즉 노하우(암묵지)를 디지털 데이터로 바꾸는 작업이 필요하다. 이 과정에는 데이터 사이언스 전문가가 참여한다.

셋째, 전환된 디지털 데이터를 가지고 AI 로봇 전문가가 강화학습을 시킬 AI 로봇을 준비한다.

넷째, 디지털 전문가가 AI 로봇에게 디지털 데이터를 학습시킨다. 설령 AI 로봇이 실패해도, 다시 잘 교육해 다음에는 실패하지 않도록 강화학습을 시킨다.

다섯째, 강화학습이 된 AI 로봇에게 LLM을 연결해 새로운 정보를 계속 받도록 한다. 이제 AI 로봇은 자기 주도 학습을 계속해서 용접에 관한 기술은 계속 발전하게 된다.

이런 AI 로봇을 용접 현장에 투입하면 하루 24시간 밤낮으로 용접을 하고, 실수도 없이 너무나 일을 잘해서 생산성이 상상을 초월할 정도로 높아진다. 이런 방식으로 AX를 통한 제조 대전환을 이루면 어떨까 제안해본다.

에필로그

글을 마치며

2024년 11월, 나는 첫 번째 책 《레볼루션 코리아》를 저술했다. 이 책을 통해 나는 "지금 우리나라는 정치, 경제, 사회, 행정 등 모든 분야에서 낡은 국가 시스템을 혁명하듯이 혁신해야 한다"라고 역설했고, "우리나라는 낡은 국가 시스템의 대혁신을 혁명하듯이 하지 않고는, 더 이상 우리나라의 미래를 장담하기 어렵다"라고 주장했다. 그러면서 국가 대혁신 실행 전략 중 가장 첫 번째 전략으로 'AI 경제 혁신'을 제시했다. 그 후 AI 분야의 세계적 혁신은 짧은 기간인데도 엄청난 속도로 변화했다. 가히 눈 깜짝할 사이에 이루어진 현상이었다.

2025년 1월 6일, 엔비디아(NVIDIA)의 CEO인 젠슨 황(Jensen Huang)이 미국 라스베이거스에서 열린 CES에서 물리적 AI 개발에 최고의 속도를 내겠다고 천명했다. 1월에 중국이 딥시크 R1을 발표했다. 이는 오로지 강화학습만으로도 뛰어난 추론 성능을 발휘한 본보기였다. 전 세계는 중국의 딥시크 개발 비용이나 운영 비용이 LLM에 비해 작은 데 반해 그 추론 성능이 훨씬 출중하다는 데 깜짝 놀랐다. 게다가 딥시크는 바로 그 소스까지 전 세계에 공개했다.

이처럼 엄청난 속도로 발전하는 AI를 보면서 우리나라는 과연 어떤 대응을 할 것인가를 두고 부단히 고민하고 있다. 나 역시 2025년 1월에 열린 CES 참가, 3월에 개최된 MWC 참가 등을 통해서 다시 한 번 세계가 AI를 중심으로 급속하게 움직이는 걸 직접 확인했고, 또 많은 학습을 했다.

이런 학습과 경험, 다양한 인식을 통해 나는 이번 책을 집필하기로 마음먹었다. 특히 예상치 못한 새 정부의 출범이 갑작스레 예견되면서, 앞으로 들어설 새 정부가 AI 관련 정책이나 제도를 어떻게 만들어가야 하는지에 대해 조금이나마 도움이 될 수 있기를 바라는 마음에서 이 책을 저술한 것이다.

그동안 내가 생각한 고민과 혁신적 방안 등을 담고 있는 이 책은 설익은 생각이 많겠지만, 한때나마 국가정책 수립과 집행에 몸을 담았던 사람으로서 AI와 관련된 실용적 활용과 혁신적 사유를 국가 차원에서 허심탄회하게 고려했으면 하는 바람으로 저술한 것이다.

내 나름대로 AI 시대를 맞이한 우리나라가 하루라도 빨리 제대로 대응해, 위대한 국가를 건설하는 데 조금이라도 보태고 싶은 심정이 포함되어 있다. 이제 우리는 AI에 올인해야 한다. AI가 모든 것(Everything)이며, 모든 곳(Everywhere)에 AI를 접목해야 한다.

너무 다급한 심정으로 정리하는 바람에 나 자신도 내가 기술한 내용에 100% 만족하는 것은 아니다. 추후 보완하고 깊이 검토할 내용도 적지 않다. 그럼에도 이렇게 서두른 것은 AI의 발전 속도가 너무 빨라서 더 뭉그적거리다간 집필을 위해 지금까지 습득한 각종 지식과 지혜가 한순간에 쓸모없어질 것 같았기 때문이기도 하다. 그래서 부족한 것은 나중에 채우기로 하고, 일단 속도전을 펼치기로 했다. 이 책을 읽는 여러분께도 양해를 부탁드린다.

책의 내용을 정리하는 동안 집안에 행사도 있었다. 큰딸의 결혼식이었다. 다들 바쁜 와중에 거들지 못하고 책상 앞에 앉아 있기 일쑤였다. 그럴 때마다 가족의 핀잔 아닌 핀잔을 피할 수 없었다. "아빠, 또 무슨 책을 쓴다고 그래요?" "제발 그만 좀 쉬세요!"라는 소리를 자주 들었다.

하지만 어느 순간 AI를 둘러싼 각종 정책 대안이 언론에 많이 보도됐다. 일부는 내가 생각하기에 다소 다른 주장도 제시됐다. 그러한 목소리들이 봄밤의 바람결처럼 귓전을 두드리면서 생각의 갈피를 잡아주었다. "그럼, 쓰지 말까?" 하는 고민도 차츰 덜어주었다. 다시 책상 앞에 앉아 조금씩 생각을 갈래짓고 정리하며 밤을 지새웠고, 마침내 졸고를 한 권의 책으로 묶을 수 있었다.

책을 쓰는 과정마다 묵묵히 격려해준 사랑하는 아내 민미영 씨와 눈에 넣어도 아프지 않을 두 딸 소연, 효원 그리고 이번에 새로운 가족이 된 선석규 교수에게도 고마움을 전한다. 또한 이번 책을 쓰는 동안 도와주신 분이 있다. 앞서 첫 번째 책을 출간할 때와 마찬가지로 공무원 출신이 쓴 딱딱한 글을 여러 차례 읽으며 일반인의 시각에서 쉽게 알 수 있도록 감수해주신 고려대학교 최영호 교수님께 다시 한 번 깊이 감사드린다. 이 책의 집필은 부분적으로 서울대학교 경제연구소 국가경쟁력연구센터의 지원을 받아 이루어졌음도 밝힌다.

2025년 5월
구윤철